Spätestens seit seiner radikalen Kritik am Christentum in der ZEIT von Anfang 2000, die auf große Resonanz stieß, ist der Philosoph Herbert Schnädelbach einer breiteren Leserschaft als ebenso scharfsinniger wie gelassener Kritiker der Religion bekannt. In diesem Band legt er nun seine gesammelten, aktuellen und zum Teil noch unveröffentlichten Schriften zur Religion vor.

Herbert Schnädelbach, geboren 1936, studierte Germanistik, Geschichte, Musikwissenschaft, Philosophie und Soziologie in Frankfurt am Main, promovierte bei Adorno und lehrte nach der Habilitation an den Universitäten Frankfurt am Main, Hamburg und – bis zu seiner Emeritierung – an der Humboldt-Universität zu Berlin. Zahlreiche wissenschaftliche Veröffentlichungen, zuletzt ›Vernunft‹ (2007).

Unsere Adressen im Internet: www.fischerverlage.de
www.hochschule.fischerverlage.de

Herbert Schnädelbach

Religion in der modernen Welt

Vorträge
Abhandlungen
Streitschriften

Fischer Taschenbuch Verlag

Meinen Kritikern gewidmet

3. Auflage: Oktober 2009

Veröffentlicht im Fischer Taschenbuch Verlag,
einem Unternehmen der S. Fischer Verlag GmbH,
Frankfurt am Main, Juni 2009

© 2009 Fischer Taschenbuchverlag in der
S. Fischer Verlag GmbH, Frankfurt am Main
Satz: Pinkuin Satz und Datentechnik, Berlin
Druck und Bindung: Druckerei C. H. Beck, Nördlingen
Printed in Germany
ISBN 978-3-596-18360-9

Inhalt

Vorwort

Dieser Band vereinigt Texte, die bei sehr verschiedenen Anlässen entstanden sind und deswegen auch unterschiedlichen Textsorten angehören. Was sie verbindet, ist der Versuch, angesichts der vielbeschworenen »Wiederkehr der Religion« und in dem damit verbundenen Stimmengewirr zur Klärung der Frage beizutragen, was es damit wirklich auf sich hat und wie es zu beurteilen ist. Damit stehe ich freilich nicht allein, denn zu den Leitmotiven dieser Textsammlung, wie sich nämlich Religion und Moderne, Glaube und Vernunft oder Glauben und Wissen zueinander verhalten, ist inzwischen eine Vielzahl von Publikationen erschienen mit Titeln, die sämtlich diese Problemstellungen variieren. Mit der Religion kam auch der Atheismus wieder auf die Tagesordnung, obwohl er, wie die Religion selbst, bis vor wenigen Jahren überhaupt kein lohnenswertes Thema mehr zu sein schien. Die Kompetenz, in diesem Bereich überhaupt mitzureden, wurde mir einfach zugemutet, und zwar durch das breite Echo, das meine Streitschrift *Der Fluch des Christentums*, die 2000 in der Wochenzeitung DIE ZEIT erschienen war (Text 13), in der Öffentlichkeit fand; dadurch wurde ich in die Rolle eines ernstzunehmenden Religionskritikers gedrängt, die auszufüllen ich gar nicht beabsichtigt hatte. Was ich in den daran anschließenden Debatten lernen konnte, bestärkte mich darin, dies zu akzeptieren und mich nach Kräften der Fragen anzunehmen, die sich mir stellten oder mir gestellt wurden.

Der Titel von Text 1 könnte auch als Buchtitel dienen; er entstand als Beitrag zu einer Konferenz der Akademie der Wissenschaften zu Turin über »Das Erbe der Aufklärung«. Damit ist Text 2 verwandt, der für eine Tagung der Evangelischen Akademie

Loccum über »Die Vernunft und die Religion« geschrieben wurde, wobei es um eine Erörterung der Regensburger Vorlesung des Papstes Benedikt XVI. ging. – Die Texte 3 und 4 widmen sich der »Wiederkehr des Atheismus«, für die vor allem die Bestseller von Richard Dawkins, Christopher Hitchens oder Daniel C. Dennett stehen, und bezweifeln, dass dasjenige, was diese hitzigen Autoren bekämpfen, dem gerecht wird, was Atheismus im 21. Jahrhundert bedeutet; auch Aspekte der gegenwärtigen Atheismuskritik werden hier untersucht. Der Text 3 wurde auf einer interdisziplinären Tagung des religionswissenschaftlichen Instituts der Universität Innsbruck vorgetragen.

Seit dem 11. September 2001 ist nicht nur der Islam in den Ruf geraten, Intoleranz und Gewalttätigkeit zu erzeugen und zu schüren; auch der Monotheismus überhaupt wird inzwischen in gleicher Weise verdächtigt, und damit befasst sich der Text 5, der für eine Konferenz des Hannah-Arendt-Instituts an der Technischen Universität Dresden verfasst wurde. In analoger Weise widmet sich der Text 6 der bemerkenswerten Renaissance der Lehren von Carl Schmitt und untersucht die religionsgeschichtlichen Wurzeln seiner »Politischen Theologie«. – Dann folgen kleinere Texte (7–12), die jeweils auf konkrete Anfragen und Anlässe einzugehen und dabei auch ein breiteres Publikum außerhalb der philosophischen Expertenkultur zu erreichen versuchten.

Dieses Buch ist nicht als Ergänzung meiner wissenschaftlichen Publikationsliste gedacht. Die verschiedenen Entstehungsbedingungen der Texte sind auch der Grund, dass sich inhaltliche Wiederholungen nicht vermeiden ließen; man hat eben nicht alle Tage etwas ganz Neues zu sagen. Immer wieder werden die Philosophen aufgefordert, den »Elfenbeinturm« zu verlassen und sich unserer Tagesfragen anzunehmen. Dann aber stellen sich ihnen Kompetenzprobleme, denn die Vorstellung, dass sie zu allem und jedem etwas zu sagen hätten, ist durch das Bild, das man sich vor allem in Deutschland von der Philosophie macht, weit verbreitet. Sie ist aber auch eine Falle für die Philosophen selber und verpflichtet sie, auf die Grenzen ihrer tatsächlichen Kompetenz zu achten. So habe ich keine eigene Religionsphilosophie zu bieten, sondern nur das, was ein nachdenklicher, irreligiöser Sympathisant der Religion dazu zu sagen hat und womit er sich der Fachkritik aussetzt. Insgesamt findet er den leichtfertigen und gedankenlosen Umgang mit diesen kulturellen Beständen empörend, der sich vor allem in der modernen Funktionalisierung und Instrumentalisierung des Religiösen zeigt; vielfach wird nur noch darüber diskutiert, wozu es gut sei – als sozialer »Kitt«, als Sicherung der kulturellen Identität, als Grundlage der Moral, als Basis der »Wertevermittlung«, als Gelegenheit für bestimmte ästhetische Erlebnisse und, nicht zuletzt, als kommerziell verwertbares Warenlager; auf die Inhalte kommt es dann kaum noch an. Das aber hat vor allem das Christentum nicht verdient, denn in das, was wir in dieser Tradition heute noch vorfinden, ist jahrhundertelanges Nachdenken mit höchster intellektueller Energie und selbstkritischem Wahrheitsanspruch eingegangen, wodurch hier die Theologie selbst zu einem Motor der abendländischen Aufklärung wurde (vgl. Text 2). Die Tatsache, dass man immer weniger bereit ist, die Religion wirklich ernst zu nehmen, und sich dafür lieber an ihre jeweils verwertbaren Teilaspekte hält, kann man als Anzeichen dafür nehmen, dass wir uns nicht in einer »postsäkularen« (Habermas) Gesellschaft befinden, was eine nennenswerte »Wiederkehr der Religion« bedeutete, sondern dass sich in unseren Tagen ein postreligiöses Zeitalter ankündigt.

Hamburg, im Dezember 2008 Herbert Schnädelbach

1. Aufklärung und Religionskritik

Sich des Erbes der Aufklärung zu erinnern, um es lebendig zu erhalten, dazu besteht auch heute Anlass genug. Es war niemals unumstritten, und vor allem in Deutschland forderte es immer erneut Stimmen heraus, die lautstark verlangten, sich seiner zu entledigen. Hier war es lange Zeit üblich, abfällig über die Aufklärer, ihren naiven Glauben an die Vernunft und ihr plattes Nützlichkeitsdenken zu reden; das »tiefe« deutsche Wesen schienen sie gründlich verfehlt zu haben, und so gehörte die Aufklärungskritik stets zum Kernbestand der Ideologie des deutschen Sonderwegs.[1]* Noch in der NS-Zeit galt bei uns die Aufklärung als typisch westlich und als Ausdruck des undeutschen Geistes, den zu bekämpfen man in den Weltkriegen endlich Gelegenheit fand. Dies schien nach 1945 endgültig abgetan zu sein, aber die Sorge um die Zukunft der Aufklärung[2] regte sich erneut. In den 70er und 80er Jahren verschaffte sie sich nachdrücklich Gehör, als der kulturkonservative Widerstand gegen eine vermeintliche Kulturrevolution von links, verbunden mit undeutlichen postmodernistischen Überzeugungen und Ansätzen einer radikalen Vernunftkritik all das, wofür die Aufklärungstradition einmal gestanden hatte, endgültig in den Orkus der geschehenen Geschichte zu verabschieden versuchte. Die »Wende« um 1990 hat hier vieles verändert; die Kontrahenten von damals sind offensichtlich zusammengerückt, denn die Globalisierung hat auch den Streit um die Aufklärung erfasst: Der ist nicht länger eine Affäre innerhalb des Westens, wo die Parteien des Pro und Contra seit jeher mit völliger Selbstverständlichkeit das für

---

* Die Anmerkungen befinden sich am Ende des Bandes ab Seite 175

sich in Anspruch nahmen, was wir alle der Aufklärungstradition an politischen und kulturellen Freiheiten verdanken. Dieses Erbe gilt heute erneut als typisch westlich, aber eben nicht mehr im innereuropäischen, sondern im globalen Maßstab. Dass der Widerstand dagegen vor allem mit religiösen Motiven artikuliert wird, sollte uns nicht dazu verleiten, sie für die wahren Ursachen dieses Konflikts zu halten; erst durch den Zusammenstoß von Tradition und Moderne in der islamischen Welt selber entstand der Islamismus, der sich zunehmend als aufklärungsresistent erweist und vehement gegen die kulturelle Modernisierung ankämpft. Ähnliches gilt für den christlichen Fundamentalismus, wenn freilich der antimodernistische Widerstand hier in der Regel im Umkreis dessen verbleibt, was im Westen in rechtlicher Hinsicht Konsens ist. So scheint sich auf den ersten Blick die europäische Situation des 17. und 18. Jahrhunderts wiederhergestellt zu haben: Die Verteidiger der Aufklärung sehen sich erneut einer Front gegenüber, die sich im Zeichen »wahrer« Religion ihrem Projekt entgegenstellt; das Thema ›Religionskritik‹ gewinnt so eine neue und zunächst ganz unerwartete Aktualität.

Aufklärung als Religionskritik

Wenn man fragt, wie sich Aufklärung und Religionskritik zueinander verhalten, liegt eine Anwort ziemlich nahe: »Aufklärung *ist* Religionskritik; beides ist wesentlich dasselbe.« Dafür spricht einiges. In Deutschland nahm man der viel verachteten Aufklärung vor allem ihren Atheismus übel. Dass die Pfarrer unter ihnen zu Weihnachten statt über das Wunder in der Krippe über die Vorzüge der Stallfütterung gepredigt hätten, nahm man ja mit verächtlichem Lächeln noch hin, aber Gott zu leugnen – das ging doch zu weit.[3] Atheisten konnten ja mit dem Gottesgnadentum der deutschen Obrigkeiten nichts anfangen, und so galten sie als potentiell staatsgefährdend; Hegel hatte zeitlebens diesen Vorwurf zu fürchten, und Ludwig Feuerbach war nicht der Einzige, der deswegen von der Universität entfernt wurde. Auch später war für die gottlose Aufklärung kein Platz, denn natürlich war der »Herrgott« mit den deutschen Batallionen, oder der Religion Hitlers zufolge: »die Vorsehung« mit der arischen Rasse. So wollten auch die Nazis auf Religion nicht verzichten; sie ließ sich viel zu gut benutzen. Aufklärung war ihre Sache nicht, obwohl der Dr. Goebbels sie im Namen seines Ministeriums führte – »... für Volksaufklärung und Propaganda« – als ob Propaganda nicht das genaue Gegenteil von Aufklärung wäre.

Aufklärung mit Religionskritik gleichzusetzen war aber nicht nur eine Sache der deutschen Ideologie; man kann dafür auch sehr hohe Autoritäten zitieren: z. B. Hegel. Der *Phänomenologie des Geistes* zufolge verwickelt sich die Aufklärung notwendig in den »Kampf mit dem Aberglauben«.[4] Ihr Prinzip ist die »reine Einsicht«, zu der sich der abstrakte Verstand heraufgearbeitet hat, und was ihr gegenübersteht, ist der einfache, aber inhaltsreiche Glaube, der im Lichte der »reinen Einsicht« als Glaube *ohne* Einsicht, d. h. als bloßer Aberglaube erscheinen muss. Im Ergebnis fällt nach Hegel der Glaube der »reinen Einsicht« zum Opfer; die Aufklärung gewinnt jenen Kampf, aber die Preise sind hoch: Nicht nur ist das Jenseits leergeräumt, die Transzendenz beseitigt, sondern Hegel behauptet sogar, dass der jakobinische Terror die unvermeidliche Folge der siegreichen Aufklärung gewesen sei. Hegel stimmt damit in den breiten Chor der von 1789 Enttäuschten ein, die nach den Erfahrungen der *terreur* in merkwürdiger Verkennung der realen Ursachen die Aufklärungsbewegung und darunter vor allem die Aufklärungsphilosophie für den revolutionären Umsturz verantwortlich machten – als hätte es nicht genügend handfeste Gründe für den Zusammenbruch des *Ancien Régime* gegeben. Hegel unterscheidet sich von solchen ideologischen Common-Sense-Erklärungen nur dadurch, dass er in der *Phänomenologie des Geistes* für sie auch noch ein dialektisch-geschichtsphilosophisches Begründungsschema bereithält. Darauf ist er später nicht zurückgekommen, aber dass die Aufklärung als Kultur des abstrakten Verstandes die Religion »ausgeleert«[5] und sie damit um ihre Substanz gebracht habe, das hat Hegel in verschiedenen Zusammenhängen immer erneut wiederholt. Von den reaktionären Restaurationsdenkern unterscheidet sich Hegel freilich dadurch, dass er die Aufklärung als einen unvermeidlichen Durchgangsprozess auf dem Wege der Selbstentfaltung der Vernunft in der Geschichte versteht und nicht als einen Betriebsunfall, den man rückgängig machen könnte; insofern eröffnet Hegel die Reihe der Aufklärungskritiker, die die Aufklärung über sich selbst aufzuklären versuchten.

Dass die Aufklärung selbst primär Religionskritik sei, haben nach Hegel noch viele andere Autoren vertreten, und zwar in einer Zeit, in der man sich daran gewöhnt hatte, mit ›Aufklärung‹ nurmehr eine inzwischen abgeschlossene Epoche zu bezeichnen – parallel zu franz. *les lumières*, engl. *the enlightenment*, ital. *i lumi*; der Sache nach aber meinten sie dasselbe, wenn sie die Sache der Aufklärung vertraten. Ich nenne Ludwig Feuerbach und seine Diagnose der Religion als Selbstentfremdung des Menschen, die nun endlich beendet werden könne. In diesem Sinne ist dem jungen Karl Marx zufolge die »Kritik der Religion ... die Voraussetzung aller Kritik ... Die Religion ist der Seufzer der bedrängten Kreatur, das Gemüt einer herzlosen Welt, wie sie der Geist geistloser Zustände ist. Sie ist das *Opium* des Volks. Die Aufhebung der Religion als des *illusorischen* Glücks des Volkes ist die Forderung seines *wirklichen* Glücks ... Die Kritik der Religion ist also im Keim die *Kritik des Jammertals*, dessen *Heiligenschein* die Religion ist.«[6] Die Aufklärung als Religionskritik möchte hier nicht nur über die Religion aufklären, sondern über die Zustände, in denen die Menschen Religion nötig haben; die Gesellschaftskritik versteht sich hier als Fortsetzung der Religionskritik mit anderen Mitteln.

Zwei revolutionärer Umtriebe ganz unverdächtige Gewährsleute sollen hier zumindest noch genannt werden. Auguste Comte vertritt mit seinem Dreistadiengesetz, dem zufolge in der

gesellschaftlichen Entwicklung der mythisch-religiöse Ursprungs-
zustand durch eine metaphysische und die dann durch die wissenschaftliche, vom Positivismus bestimmte Phase abgelöst werde, ein
ganz ähnliches Modell: Auch wenn von Aufklärung hier nicht die
Rede ist, soll die Metaphysik als die höhere Entwicklungsstufe des
menschlichen Geistes aus der Mythen- und Religionskritik her-
vorgegangen sein, um dann ihrerseits der Kritik durch die positive
Wissenschaft zum Opfer zu fallen. – Comtes Entwicklungs»gesetz«
finden wir bei Max Weber zurückgenommen in die Dynamik der
»abendländischen Rationalisierung«, die auch die Religion betrifft;
dies aber nicht in Form ihrer simplen Abschaffung, sondern als
ein Prozess, der die Religion selbst im Innersten durchdringt und
ihren Rückzug ins Private erzwingt: »Es ist das Schicksal unserer
Zeit, mit der ihr eigenen Rationalisierung und Intellektualisie-
rung, vor allem: Entzauberung der Welt, dass gerade die letzten
und sublimsten Werte zurückgetreten sind aus der Öffentlichkeit,
entweder in das hinterweltliche Reich mystischen Lebens oder in
die Brüderlichkeit unmittelbarer Beziehungen der Einzelnen zueinander.«[7] Dieser moderne, mit den etablierten Großreligionen
unvereinbare »Polytheismus«[8] ist, nach Weber, das inhaltliche Gegenstück zur Privatisierung des Religiösen. Dabei zitiert er John
Stuart Mill zustimmend, dem zufolge der Polytheismus die unvermeidliche Konsequenz der empirischen Betrachtung der Welt
ist. Genau dies aber hatte die neuzeitliche Aufklärungsphilosophie
stets gefordert, und so besteht auch nach Max Weber ein enger Zusammenhang zwischen Aufklärung und Religionskritik.

Religiöse Aufklärung

Hegel und Comte unterscheiden sich vor allem durch ihre jeweilige Datierung der Aufklärung; während Hegel sie mit dem Beginn
der »neuen Zeit«[9] anfangen lässt, verlegt Comte die Ablösung des
mythisch-religiösen Stadiums durch das metaphysische schon in

die griechische Antike. Tatsächlich bringt bereits die entstehende Philosophie das wohl schlagkräftigste religionskritische Argument hervor – das des Anthropomorphismus; bei Xenophanes heißt es: »Die Äthiopen stellen sich ihre Götter schwarz und stumpfnasig vor, die Thraker dagegen blauäugig und rothaarig. Wenn Kühe, Pferde oder Löwen Hände hätten und damit malen und Werke wie die Menschen schaffen könnten, dann würden die Pferde pferde-, die Kühe kuhähnliche Götterbilder malen und solche Gestalten schaffen, wie sie selber haben.« Und doch fügt er hinzu: »Es herrscht nur ein einziger Gott, unter Göttern und Menschen der Größte, weder an Aussehen den Sterblichen ähnlich noch an Gedanken.«[10] So ist Xenophanes wohl der früheste Zeuge für das, was Aufklärung als Religionskritik von jeher auch sein wollte: Berichtigung und Reform des Religiösen und nicht einfach Religionsvernichtung. Die Philosophiegeschichte von Heraklit bis Hegel war immer zugleich eine Geschichte der philosophischen Gotteslehre, d. h. eines meist sogar expliziten Monotheismus, und der stand nicht im Widerspruch zum traditionellen Wissenschaftsverständnis – im Gegenteil: Man brauchte die Gottesbeweise, um in einer »Ersten Philosophie« das System des Wissens begründen und abschließen zu können.

So wird deutlich, dass das einfache Bild von der Aufklärung, das Hegel, Feuerbach, Marx und Comte entwerfen, unzureichend ist; sie war niemals nur der Religion einfach entgegengesetzt, sondern Aufklärung als Religionskritik fand von jeher im Bereich des Religiösen selbst statt. Es ist wohl eine Frage von Definitionen, ob es sinnvoll ist, Religion vom Mythos zu unterscheiden, aber Tatsache ist, dass die monotheistischen Offenbarungsreligionen – also das Judentum, Christentum und der Islam – als »Gegenreligionen« gegen den Mythos als Weltbild und Lebensorientierung auftraten.[11] Sie verstanden sich als Aufklärung zumindest in dem Sinn, dass sie den Mythos als Illusion, Verblendung, Irreführung, Lüge, Götzendienst und Priesterbetrug zu entlarven versuchten; das ganze Arsenal religionskritischer Topoi, das die Aufklärungsbewegung der Neuzeit gegen die etablierte Religion einsetzen wird, finden wir bereits hier vollständig versammelt. Diese Kritik dessen, was wir mit einem Kampfbegriff des 17. Jahrhunderts ›Polytheismus‹ nennen,[12] war verbunden mit einer durchgreifenden Entdämonisierung, ja wenn man will: Entzauberung der Welt, was in Weber'scher Terminologie auf einen gewaltigen Rationalisierungsschub hinauslief. Man hat gezeigt, dass der antike Antijudaismus wesentlich Anti-Monotheismus war, der sich aus der Enttäuschung und Erbitterung darüber speiste, dass er auf die Schließung der Tempel und das Ende der Kulte und Riten hinauslief; tatsächlich bedeutete die Durchsetzung des Christentums als Staatsreligion eine ungeheure Verarmung der Vielfalt des spätantiken religiösen Lebens bis hin zum Ende der olympischen Spiele. So kann man die Klagen über die kulturellen und psychischen Kosten der Rationalisierung, mit denen sich Max Weber in *Wissenschaft als Beruf* zu befassen gezwungen sieht, schon bei den spätantiken »Heiden« belegt finden. Thomas Mann hat in der Erzählung *Das Gesetz* eindrucksvoll beschrieben, warum die Juden zum Goldenen Kalb zurückkehrten, als Mose gerade bei Gott weilte, um die Gesetzestafeln zu empfangen: Der Monotheismus war ihnen einfach zu anstrengend.

Die Geschichte der religionsinternen Aufklärung muss auch im Bereich des Christentums fortgeschrieben werden. Es ist die Offenbarungsreligion, die am nachhaltigsten eine Theologie ausbildete, und zwar im Sinn einer Reflexion und rationalen Durcharbeitung des Geglaubten. Was das Judentum betrifft, so kann man diesen Vorgang wohl erst ins 18. Jahrhundert datieren, trotz einiger Vorläufer im hohen Mittelalter. Was im Islam Theologie genannt werden könnte, beschränkt sich wohl auch weiterhin auf die Auslegung von Texten, die im Koran versammelt sind und unmittelbar als Gottes Wort gelten. Darum müssen Moslemkinder in den Koranschulen die Suren in arabischer Sprache auswendig lernen, obwohl sie davon kein Wort verstehen.[13] Da sich die christliche Dogmatik in ihrer Entwicklung nur wenig an die biblischen Texte gebunden fühlte und zudem sehr viel Stoizismus, Gnostizismus und Neuplatonismus in sich aufsog, um in der Konkurrenz der hellenistischen Philosophien mithalten zu können, erwies sich das Christentum als viel weniger aufklärungsresistent als der Islam. Es ist eben ein Unterschied, was als der Gegenstand des Glaubens gilt: eine göttliche Person, von deren Wirken verschiedene Texte verschieden berichten, wie es in der Bibel der Fall ist, oder ein einzelner unberührbarer und aller Kritik entzogener Text wie der Koran. (Hier stimmen übrigens die christlichen Fundamentalisten mit dem Islam überein.) Die *Scientia christiana* in der wesentlich durch Augustinus geprägten Gestalt war eine grandiose Mischung aus Offenbarungsreligion und Metaphysik, die für sich selbst einen hohen Rationalitätsanspruch erhob und sich sogar Wissenschaft (*scientia*) nannte; nur einige Mysterien wie das der Schöpfung, Inkarnation und Auferstehung blieben dem gläubigen Für-wahr-Halten vorbehalten. Die Folge war, dass in dieser Kultur der gleichzeitigen rationalen Beschäftigung mit dem metaphysischen und dem religiösen Erbe die profanen und die sakrosankten Elemente auseinanderstrebten, und so ist die uns vertraute Unterscheidung von Philosophie und Theologie schon eine Leistung der Hochscholastik. Gleichwohl verstand sich die christliche Theologie stets als ein wissenschaftliches und damit der Kritik zugängliches Unternehmen; man behauptet somit nicht zu viel, wenn man sie als die im Christentum selbst institutionalisierte Religionskritik bezeichnet. So erklären sich auch die permanenten Probleme, die der Vatikan seit jeher mit den eigenen Leuten an den Universitäten hat, trotz der grundsätzlich gewährten Freiheit der Theologie. Besonders hervorzuheben ist das Maß, in welchem die Theologen beider Konfessionen die rationale und historische Bibelkritik, die von der Aufklärungsbewegung ausging, zu ihrer eigenen Sache machten. Entmythologisierung als theologisches Unternehmen – dieses aufklärerische Programm Rudolf Bultmanns wird an Radikalität wohl nur übertroffen durch Karl Barth, dem zufolge die wahre Theologie überhaupt erst nach der Religionskritik beginnt; die vollendete

Profanität »nach der Aufklärung« (Hermann Lübbe) erscheint hier als der allein geeignete Resonanzboden für die Offenbarung.

›Religion‹

So nötigen uns historische Betrachtungen zu einer differenzierten Sicht des Verhältnisses von Aufklärung und Religionskritik; klarer und eindeutiger wird sie allerdings erst, wenn wir uns nicht länger mit einem eher intuitiven Verständnis von ›Aufklärung‹ und ›Religion‹ zufriedengeben. Das lateinische Wort ›religio‹, für das es weder im Griechischen noch im Hebräischen ein genaues Äquivalent gibt, bedeutet bei Cicero die gewissenhafte Erfüllung der kultischen Pflichten und religiösen Gesetze, und er leitet es von lat. *relego* – wieder durchgehen, wieder durchlesen ab. Laktanz und Augustinus hingegen beziehen sich auf lat. *religo* – zurückbinden, festbinden – und geben der *religio* die Bedeutung von Bindung und Gebundenheit der Seele an Gott; im Mittelalter erscheint deswegen die Religion auch als Tugend. So nimmt in der christlichen Tradition die ›religio‹ die Stelle ein, die Cicero der *pietas* zuweist, was bedeutet, dass hier eine durchgreifende Subjektivierung des Religiösen vor sich geht, sodass dann im Protestantismus mit Religion die gesamte christliche Lebensform gemeint ist. Dieser Prozess setzt sich vor allem im 18. Jahrhundert mächtig fort, denn hier wird es üblich, zu unterscheiden zwischen der wahren Religion, die eine Sache des inneren Menschen sei, und dem äußeren Herkommen der Dogmen, Riten und Gebräuche, d. h. der Gegensatz zwischen dem antiken und dem christlichen Religionsbegriff wird hier noch einmal kritisch gegen die christliche Überlieferung gewandt. Endpunkte dieser Entwicklung lassen sich bei Kant und Schleiermacher ausmachen. Nach Kant ist »Religion … (subjektiv betrachtet) das Erkenntnis aller unserer Pflichten als göttlicher Gebote«[14], und »*alles, was, außer dem guten Lebenswandel, der Mensch noch tun zu können vermeint, um gottgefällig zu werden, … bloßer*

Religionswahn und Afterdienst Gottes«[15]; da es nach Kant nur auf Religion im subjektiven Sinne ankommt, wird sie hier reduziert auf eine Fußnote zur Moral – eine Deutung, die die liberale protestantische Theologie bis ins 20. Jahrhundert bestimmte. Schleiermacher sieht hingegen das Wesen der Religion im »Gefühl der schlechthinnigen Abhängigkeit« und im »Geschmack fürs Unendliche«, womit er sich bekanntlich Hegels besonderen Zorn zuzog; dies hinderte ihn freilich nicht daran, eine höchst einflussreiche evangelische »Glaubenslehre« zu schreiben.[16]

Die Subjektivierung der Religion, die sich in der Geschichte dieses Begriffs nachzeichnen lässt, wird freilich seit dem Spätmittelalter begleitet von einer Rede von ›religio‹ im Plural (Cusanus); es wird unterschieden zwischen der eigenen Religion und anderen Religionen und über die Einheit der Religionen nachgedacht. Damit rückt das Religiöse aus der Teilnehmer- in die Beobachterperspektive; so wird auch der fremde Blick aufs Eigene möglich – eine wesentlich kognitive Voraussetzung für religiöse Toleranz. Bis dahin war es freilich noch ein weiter Weg, und es bedurfte noch einer starken Abschwächung der lebensweltlichen Macht des Christentums, bis der Hass auf Juden und Moslems und die Verachtung der »wilden Heiden« der Fähigkeit wich, diese Andersheiten zumindest zu ertragen. Meine These ist, dass sowohl die Subjektivierung der Religion wie auch ihre objektivierende Vergegenständlichung zu einem interessanten Phänomen unter anderen Phänomenen als Ergebnisse von Aufklärung im inneren Bereich der Religion selbst anzusehen sind. Um das plausibel zu machen, müssen wir den Aufklärungsbegriff selber präzisieren.[17]

›Aufklärung‹

›Aufklärung‹ als *chronologischer* Epochenbegriff scheidet dabei sofort aus; diese Bezeichnung besagt nur dann etwas, wenn man zuvor etwas darüber gesagt hat, was Aufklärung der Sache nach ist. Anders ist es mit den *historischen* Aufklärungsbegriffen, mit denen eine erzählbare Geschichte bezeichnet wird, und zwar sowohl eine große und eine kleinere Version. Die kürzere Fassung ist die von Hegel und von Comte: Aufklärung erscheint hier als eine historisch abgeschlossene Episode, auf die man nunmehr zurückblicken kann; in diesem Sinne bezieht sich auch Hermann Lübbe in seinem Buch *Religion nach der Aufklärung* und unter anderen Titeln auf die erfolgreiche Aufklärung als etwas Abgeschlossenes und Vergangenes. Die »große Rahmenerzählung« (Lyotard) der Aufklärung hingegen erstreckt sich von der »Amöbe bis Einstein« (Popper) oder vom Animismus bis zur Atombombe (Horkheimer/ Adorno), und dies mit offenem Ausgang; hier erscheint die Aufklärung als das eine große Erziehungs-, Bildungs-, Zivilisierungs- und Modernisierungsprojekt, wobei die zeitgenössischen Vertreter dieses Modells freilich nicht mehr glauben, dass es sich dabei um eine Veranstaltung der Gottheit (Lessing) oder der Natur (Kant) mit der Menschheit handelt. Nicht erst die *Dialektik der Aufklärung*, sondern schon Nietzsche und die lebensphilosophische Kulturkritik und dann erneut der Postmodernismus haben glaubwürdig gemacht, dass es sich bei dieser großen Version des Aufklärungskonzepts um ein naives und selber wenig aufgeklärtes Trugbild, ja um einen neuen Aberglauben handelt; wie »dialektisch«, d. h. selbstwidersprüchlich und selbstzerstörerisch Aufklärung geraten kann, hat uns das blutige 20. Jahrhundert vor Augen geführt.

›Bildung‹, ›Erziehung‹, ›Zivilisierung‹, ›Modernisierung‹, ja selbst ›Rationalisierung‹ – all diese Begriffe sind viel zu unspezifisch, um den *strukturellen* Kern von Aufklärung freizulegen; mit Kant kommen wir hier einen Schritt weiter. Bekanntlich definiert er: »*Aufklärung ist der Ausgang des Menschen aus seiner selbst verschuldeten Unmündigkeit.* Unmündigkeit ist das Unvermögen, sich seines Verstandes ohne Leitung eines anderen zu bedienen.«[18] Lassen wir zunächst das »selbstverschuldet« beiseite, weil es eine ganze Reihe von schwierigen Fragen aufwirft, so können wir festhalten: Kant bezieht die Aufklärung von vornherein auf das Ziel der Mündigkeit, des Erwachsenwerdens, der vernünftigen Selbständigkeit, der Selbstbestimmung. Damit ist klar, dass jener Ausgang aus der Unselbständigkeit nicht etwas sein kann, was dem Unmündigen einfach widerfährt, denn das stünde im Widerspruch zu dem, was Aufklärung bewirken soll; es wäre so, als wollte man seinen Kindern befehlen: »Nun seid endlich mal selbständig!« Man kann Mündigkeit nicht erzeugen, sondern nur die Bedingungen dafür schaffen, dass sie möglich wird. So war in den »emanzipatorischen« Zeiten der deutschen Bildungsreform der 60er und 70er Jahre von der »Erziehung zur Mündigkeit« die Rede, wobei man wohl unterschätzte, wie schwierig so etwas ist; im Übrigen machte man sich wohl auch nicht klar, dass man im Römischen Recht emanzipiert, d. h. aus dem *manicipium* des *pater familias* entlassen *wurde*, sich also gar nicht selber emanzipieren konnte. Man kann sicher jemanden über dies und jenes aufklären, aber damit meinen wir nur die Übermittlung von Informationen; die ist ohne Zweifel unentbehrlich, wenn Aufklärung gelingen soll, aber sie ist eben keine zureichende Bedingung und im Fall der Indoktrination und Propaganda sogar kontraproduktiv. Jemanden aufklären genügt nicht, sondern man muss *sich selbst* aufklären, d. h. den Mut und die Kraft finden, »sich seines Verstandes ohne Leitung eines anderen zu bedienen«. Dazu kann man niemanden zwingen, aber man kann dazu ermuntern; darum sagt Kant: »*Sapere aude!*« Habe Mut dich deines *eigenen* Verstandes zu bedienen! ist also der Wahlspruch der Aufklärung.[19]

Mit Kant können wir festhalten, dass Aufklärung, wenn sie gelingt, ein *reflexiver* oder *selbstreferentieller Prozess* ist, der nicht von außen herstellbar ist, zu dem man aber auffordern kann; damit ist die Aufklärung als ein *Prozess* bestimmt, den Menschen zu ihrem *Projekt* machen können. In diesem Sinne formuliert Kant: »Die Maxime, jederzeit selbst zu denken, ist die *Aufklärung.*«[20] Dabei müssen bestimmte Bedingungen erfüllt sein, die Kant anführt, um zu begründen, warum er die Unmündigkeit für »selbstverschuldet« hält. Nachdem die »Natur« die Menschen »längst von fremder Leitung frei gesprochen hat«, können sich die Unmündigen und erst recht ihre Vormünder nicht darauf herausreden, sie seien eben »von Natur« unmündig. Das zeugt nach Kant nur von »Faulheit und Feigheit«. Dann liegt es auch nicht am »Mangel des Verstandes«, wenn jener »Ausgang« ausbleibt, sondern am Mangel der »Entschließung und des Mutes«. Solche Schuldzuweisungen haben damals Hamann sehr erbittert; in einem Brief protestierte er dagegen und bestand darauf, dass die Schuldigen die selbsternannten Vormünder sind; im Übrigen schrieb er: »Mit was für Gewissen kann ein Raisonneur (und) Speculant hinter den(m) Ofen und in der Schlafmütze den Unmündigen ihre *Feigheit* vorwerfen, wenn ihr blinder Vormund ein wohldisciplinirtes zahlreiches Heer [von dem Kant selbst gesprochen hatte – H. S.] zum Bürgen seiner Infallibilität und Orthodoxie hat.«[21] Der bloße Appell an individuellen Mut in politischen Verhältnissen, in denen, wie in Preußen, die Freiheit nach Lessing ausschließlich darin bestand, dass man straffrei Dummheiten über die Religion sagen durfte, musste Hamann geradezu zynisch erscheinen, und wir können ihm dabei bei aller Kantverehrung nicht einfach unrecht geben. Freilich verortete Kant die Möglichkeit »der Entschließung und des Mutes«, sich seines Verstandes »ohne Leitung eines anderen zu bedienen«, genau in dem Raum, den Friedrich II. bereits eröffnet hatte – nämlich in dem der Freiheit, »von seiner Vernunft in allen Stücken *öffentlichen Gebrauch* zu machen«,[22] während im Übrigen galt: »*Räsoniert, so viel ihr wollt und worüber ihr wollt; nur gehorcht !*«,[23] aber genau dieser Freiraum wurde von seinem Nachfolger Friedrich Wilhelm II. wieder kassiert, was Kant Publikationsverbot einbrachte. Man kann Kant gegen Hamann nur durch den Hinweis verteidigen, dass er nicht behauptet hatte, die Frage der Redefreiheit selber sei damals *nur* eine Sache der »Entschließung und des Mutes« gewesen.

Um die Bedingungen anzugeben, unter denen es Menschen möglich wird, den Prozess der Aufklärung zu ihrer eigenen Sache zu machen, genügt es somit nicht, auf Faulheit, Entschlusslosigkeit und Feigheit zu sprechen zu kommen; soziale und institutionelle

Bedingungen gehören dazu, auf die sich Kant selbst bezieht. Er erkennt, dass es »für jeden einzelnen Menschen schwer« ist, »sich aus der ihm beinahe zur Natur gewordenen Unmündigkeit herauszuarbeiten ... Dass aber ein Publikum sich selbst aufkläre, ist eher möglich; ja es ist, wenn man ihm nur die Freiheit lässt, beinahe unausbleiblich.«[24] Die gesetzlich gewährte Redefreiheit ist nur deshalb für die Aufklärung erforderlich, weil sie nur als ein kommunikativer Vorgang in der Öffentlichkeit vor sich gehen kann; Gedankenfreiheit, wie sie Schillers Marquis Posa fordert,[25] allein genügt nicht. Dass alle autoritären und totalitären Regime der Welt diesen Prozess zu fürchten haben, hat der vorsichtige Kant zumindest angedeutet: »Wenn denn die Natur ... den Hang und Beruf zum *freien Denken* (,) ausgewickelt hat: so wirkt dieser allmählich zurück auf die Sinnesart des Volks (wodurch dieses der *Freiheit zu handeln* nach und nach fähiger wird), und endlich auch sogar auf die Grundsätze der *Regierung*, die es für sich selbst zuträglich findet, den Menschen, der nun *mehr als Maschine* ist, seiner Würde gemäß zu behandeln.«[26] Tatsächlich ist für alle Despoten diese Rückwirkung der Rede- auf die Handlungsfreiheit viel zu gefährlich, und deshalb pflegen sie als Erstes, die öffentliche Kommunikation durch ihr Medienmonopol zu behindern und zu zerstören. In den westlichen Demokratien passiert Ähnliches sogar im Rahmen der Verfassung; man denke nur an die Telekratie des Silvio Berlusconi.

Verstehen wir somit Aufklärung als einen selbstreferentiellen und kommunikativen Prozess mit dem Ziel vernünftiger Selbstständigkeit in individueller und politischer Hinsicht, der nur dann in Gang kommt, wenn Menschen ihn zu ihrem eigenen Projekt machen, dann müssen wir uns zugleich von der einlinigen Fortschrittsgeschichte verabschieden, in die die Aufklärungsidee im 18. Jahrhundert eingelassen war. Dass der Ausdruck ›Aufklärung‹ im 19. Jahrhundert und danach fast nur noch historisch und abfällig gebraucht wurde, ist ein Beleg für die Dialektik der Aufklärung, d. h. für ihr Doppelgesicht. Wie bei allen Menschenkindern hat auch für Kulturen das Erwachsenwerden Kosten; es bedeutet den Abschied von Träumen und liebgewordenen Illusionen, Ernüchterung, Enttäuschung, aber auch Disziplin und Selbstbeherrschung als Preis für die eigene Selbstbestimmung. Die Klage über diese Preise der Freiheit und die Weigerung, sie zu zahlen – das ist die Romantik; sie macht die Kostenrechnung der Emanzipation auf und ist wesentlich dafür verantwortlich, dass die aufgeklärte Moderne bis heute von vielen primär als das Resultat kalter und menschenfeindlicher Rationalisierung angesehen wird – als »ehernes Gehäuse«, von dem Max Weber gesprochen hatte.[27] Häufig ist das freilich leere Rhetorik, weil da die ganze Fülle der Freiheiten und sozialen Sicherungen, die uns die moderne Welt bietet, zwar als selbstverständlich genossen, aber eben nicht erwähnt wird. Romantik als Modernitätsverweigerung gibt es von rechts wie von links, als Nostalgie und als revolutionäre Hoffnung; gleichwohl gehört auch sie in die Aufklärungsgeschichte und ist ernstzunehmen in dem Maße, in dem sie die Aufklärung über sich selbst aufzuklären vermag.

Kants Text über die Aufklärung ist auch deswegen immer noch wichtig, weil er eine Beziehung herstellt zwischen dem, was bis jetzt nur unterschieden wurde – zwischen dem Prozess- und dem Projektbegriff der Aufklärung: »Wenn denn nun gefragt wird: Leben wir jetzt in einem *aufgeklärten* Zeitalter? so ist die Antwort: Nein, aber wohl in einem Zeitalter der *Aufklärung*.«[28] Lebten wir in einem »*aufgeklärten* Zeitalter«, dann wäre die Aufklärung eine beendete Episode, von der man nur historisch berichten könnte; folgen wir Kant, dann leben auch wir in einem »Zeitalter der *Aufklärung*«, aber nicht deswegen, weil da noch etwas rein Prozessartiges abläuft und ins Unendliche weitergeht – etwa nach dem Muster des »Fortschritts« als großem Singular und Subjekt seiner selbst, sondern aus einem anderen Grund, den Kant an anderer Stelle klar benennt: Er bezeichnet sein Zeitalter als das »eigentliche Zeitalter der *Kritik*«, »der sich alles unterwerfen muss. *Religion*, durch ihre *Heiligkeit*, und *Gesetzgebung*, durch ihre *Majestät*, wollen sich gemeiniglich derselben entziehen. Aber alsdenn erregen sie gerechten Verdacht wider sich, und können auf unverstellte Achtung nicht Anspruch machen, die die Vernunft nur demjenigen bewilligt, was ihre freie und öffentliche Prüfung hat aushalten können.«[29] Das Zeitalter der Aufklärung bricht dort an und dauert fort, wo sich Kritik regt – nicht als Mäkelei oder als das Verächtlichmachen dessen, was man nicht mag, sondern als »freie und öffentliche Prüfung« des Bestehenden und Geltenden mit den Mitteln der Vernunft. Aufklärung findet statt, wo sich Menschen diesem Projekt verschreiben, aber auch nur dann, wenn solche Kritik die Selbstkritik einschließt; den selbstreferentiellen Charakter vernünftiger Kritik hat Kant in dem berühmten Doppelsinn des Titels »Kritik der reinen Vernunft« als *genetivus subjectivus* und *objectivus* sehr genau ausgedrückt.

Gleichwohl bleibt ein Problem des Anfangs. Der Unmündige weiß nicht, dass er unmündig ist, und wenn er das begreift, hat er die Unmündigkeit schon mit dem ersten Schritt verlassen. So kann man sich offenbar nicht dazu entschließen, mündig zu werden, ohne es in Wahrheit schon ein Stück weit zu sein. Die Einsicht, dass die Unmündigkeit selbstverschuldet war und deshalb eine reale Chance des Ausgangs besteht, ist dann erst der nächste Schritt. Wer fängt dann mit der Aufklärung an? Wer ist der Erste im Konzert der Kritik? Tatsächlich beginnt der Ausgang aus der Unmündigkeit nicht mit den Mündigen, die Aufklärung nicht mit den Aufgeklärten, sondern mit dem Zweifel, der um sich greift, und der ist nur das Symptom der Verunsicherung und Erschütterung lebensweltlicher Selbstverständlichkeiten; man kann sie nicht gewaltsam wieder beseitigen, ohne sie auf diese Weise nur zu verstärken. Die ersten Aufklärer sind somit die Zweifler, und die sind die Seismographen der kulturellen Erdbeben und die Boten, die man für ihre Botschaft hinrichtet; aber der Ätna bricht auch dann aus, wenn man alle Messstationen abreißt. So erzeugt die Aufklärung nicht nur Kosten, sondern sie ist auch für die Aufklärer eine Last und eine Gefahr. Ihr erster Märtyrer Sokrates sagt im Dialog *Kriton*: »Denn nicht jetzt nur, sondern schon immer habe ich das an mir, dass ich nichts anderem von mir gehorche als dem Satze, der sich mir bei der Untersuchung als der beste zeigt«,[30] und er weiß, dass er genau deswegen in der Todeszelle sitzt. Descartes erzählt, er habe sich nach vielen Erfahrungen »so gut wie gezwungen« gefunden, seine »Leitung selbst zu übernehmen«,[31] und der Preis dafür war im Zeitalter der konfessionellen Bürgerkriege ein Leben im Verborgenen. Dem Zweifel kann man freilich auch anders begegnen: z. B. im Sinne der Pyrrhonischen Skepsis, die alle Festlegungen vermeidet, um so den eigenen Seelenfrieden zu bewahren. Den Zweifel kann man auch betäuben durch intellektuelle und toxische Rauschmittel; man kann ihn sogar gewaltsam zum Schweigen bringen, und dann bleibt freilich auch noch das *sacrificium intellectus*. Eines steht fest: Hat er sich erst einmal geregt, kann man nicht: ihn wieder ganz aus der Welt schaffen. Das zeigt, dass die Aufklärung, wo sie trotz aller Kosten und Lasten an Boden gewinnt, einen gesamtkulturellen Hintergrundsvorgang anzeigt, den man mit Emile Durkheim und George Herbert Mead als das Reflexivwerden von Kulturen beschreiben kann.

Moderne

Solange es Menschen gab, lebten sie als Kulturwesen, denn der Mensch ist dies »von Natur aus«, wie Arnold Gehlen sagte;[32] aber das wussten die Menschen sehr lange Zeit nicht. Kulturen werden reflexiv, sobald sie sich vom bloß Natürlichen zu unterscheiden wissen und damit als Kulturen erfassen; diese Unterscheidung zwischen der Menschenwelt und einem »Draußen« ist zugleich die Wurzel des uns geläufigen Begriffs der Natur.[33] In elementarer Form wird diese Differenz schon in der Weise des Mythos getroffen, und die wird weiter verstärkt durch die monotheistischen Offenbarungsreligionen, die sich dem »Kosmotheismus« der Naturanbetung in ganzer Schärfe entgegenstellen; man hat mit Recht gesagt, dass unsere Tradition diesem Übergang den »inneren Menschen« und das »Geistige« als eigenständiges Prinzip verdankt.[34] Auch die Entstehung der Philosophie bei den Griechen mit ihrer Mythenkritik kann als ein solcher gesamtkultureller Reflexionsschritt angesehen werden. Vollständig reflexiv sind Kulturen, wenn sie sich bei ihrer Selbstinterpretation nicht länger auf etwas zu beziehen vermögen, was nicht Kultur und damit menschlicher Verfügung entzogen wäre – seien es Dämonen, Götter und selbst »die« Natur. Das ist die Signatur moderner Kulturen. In der Moderne ist die Kultur in allen Dingen ganz auf sich selbst verwiesen; sie ist ihr eigenes Subjekt, denn es gibt hier keine höhere Instanz als das kulturelle »Wir«. Moderne, d. h. vollständig reflexive Kulturen sind zugleich profane Kulturen; da ist die Obrigkeit nicht mehr von Gott, sondern alle Gewalt geht vom Volke aus, während das Heilige und Fromme sich ins Private zurückgezogen hat. Moderne Kulturen sind zudem notwendig plurale Kulturen, denn es fehlt ihnen in ihrem »Wir« das alles steuernde Zentrum; darum driften hier die Weltbilder und Lebensformen notwendig auseinander, und was das gemeinsame Zusammenleben ermöglicht, muss immer erst intersubjektiv ausgehandelt werden. So liegt es nahe, die Aufklärung und ihren Motor, die Kritik, sowohl historisch wie strukturell als intellektuelle Außenseite kultureller Modernisierung im Sinne des fortschreitenden Reflexivwerdens von Kulturen zu verstehen.

Aufklärung im Christentum

Ob kulturelle Modernisierung immer und unter allen Umständen im Sinn dieses Reflexivwerdens verläuft, soll mit dem Angedeuteten nicht behauptet werden; es ist aber nur schwer zu bestreiten, dass die Vorgeschichte unserer westlichen Moderne genau so verlaufen ist. An diesem Prozess hat auch das Christentum teilgenommen, aber er ist ihm nicht nur von außen widerfahren, so als sei es im Strom der Zeit nur mit fortgeschwemmt worden. Was »Ausgang aus der Unmündigkeit« zu nennen ist, war schon im Judentum und erst recht im Christentum von vornherein als Ziel enthalten; sie sind Religionen der Freiheitsverheißung. Die Befreiung aus der ägyptischen Knechtschaft und das Versprechen der messianischen Zukunft in Frieden und Freiheit sind das A und O des Judentums; den Christen wird die Befreiung von der Last des Gesetzes und der Macht der Sünde und des Todes versprochen. Mit der Freiheit war hier wie da immer auch die des Individuums gemeint und nicht bloß die eines Kollektivs, dessen Religiosität in einer Priesterschaft und den von ihnen vollzogenen Riten repräsentiert wäre; immer wieder betont die Bibel, dass Gott »das Herz ansieht«, und zwar das eines jeden Menschen, sodass die jüdisch-christliche Tradition nicht nur eine Verinnerlichung, sondern zugleich die Individualisierung der Religion heraufführte. Vor allem im Christentum bedeutete dies einen ständigen Konflikt zwischen den Ansprüchen persönlicher Frömmigkeit und den Folgen der unvermeidlichen Institutionalisierung des Christlichen in einer Amtskirche und ihrer Dogmatik; er wurde selber zum Motor der abendländischen Aufklärung.

Belegen kann man dies an der Geschichte der neuzeitlichen Religionskritik. In ihrer großen Mehrheit waren die Aufklärungsphilosophen keine Ungläubigen; sie verstanden sich nicht als neue Heiden. Wenn sie sich immer wieder vor dem Offenbarungsglauben verneigten und dann meist nichts weiter darüber sagten, so war das niemals bloß Taktik oder Konfliktvermeidung; wir können davon ausgehen, dass die meisten Aufklärer gläubige Christen waren. Sie bestanden aber wie schon die großen Scholastiker darauf, dass das Geglaubte mit den Ansprüchen der mündigen Vernunft vereinbar sein müsse, und deswegen machten sie sich auf die Suche nach dem rationalen Kern der christlichen Überlieferung; der sollte dann auch Anspruch erheben dürfen auf die »unverstellte Achtung«, die in Kants Worten »die Vernunft nur demjenigen bewilligt, was ihre freie und öffentliche Prüfung hat aushalten können«.

Der Maßstab der Kritik besteht aber nicht nur in der Freiheit und Öffentlichkeit der Prüfung, sondern vor allem im Wahrheitsanspruch. Das Christentum lehrt, dass es die Wahrheit ist, die frei macht. Dass es diese Wahrheit in der Person des Christus verkörpert sieht, mag für den Laien schwer verständlich sein; Tatsache aber ist, dass die christliche Lehre sich im Unterschied zum Judentum, das wesentlich von der Autorität der Anweisungen der Thora lebt, vor allem in der Gestalt von Tatsachenbehauptungen und Prophezeiungen vorträgt, die als wahr gelten oder anzunehmen sind. Es ist erstaunlich, wie viele historische und zukünftige Sachverhalte im christlichen Credo aufgezählt werden, die der Gläubige als wirklich eingetretene und zu erwartende akzeptiert und bekennt. Als wichtigen Unterschied zwischen dem Judentum und dem Christentum hat vor allem die protestantische Theologie immer das Verhältnis von Indikativ und Imperativ angegeben; während den Juden zufolge die religiöse Wirklichkeit durch das Gesetz bestimmt sei, gründe die christliche Ethik auf der Realität dessen, was durch Jesus wirklich der Fall ist. Wahrheitsansprüche aber, die mit Tatsachenbehauptungen verbunden werden, öffnen ein viel breiteres Einfallstor für den Zweifel als der Autoritätsanspruch der »Weisungen«, die der gläubige Jude als Zeichen der Gnade und besonderen Zuwendung Gottes zum eigenen Volk versteht. Der Grund dafür ist nicht zuletzt im Glaubensbegriff selbst zu suchen. Assmann hat mit Recht darauf hingewiesen, dass es irreführend ist, etwa vom »Glauben der Hellenen« (Wilamowitz-Möllendorff) oder vom »Götterglauben im Alten Ägypten« (Kees) zu reden, wenn man unter ›Glauben‹ (mit Kant) das Für-wahr-Halten mit nur subjektiv zureichender Sicherheit versteht; vor dem Auftreten der Offenbarungsreligionen haben die Menschen nicht geglaubt, sondern sie lebten in quasi-natürlichen Evidenzen, und da konnte man gar nicht zwischen Glauben und Wissen unterscheiden.[35] Begriffsgeschichtlich gesehen ist der vom Wissen unterscheidbare Glaubensbegriff ein spätes Phänomen. Noch in der Scholastik galt das Glauben als die höhere kognitive Potenz als das Wissen und Begreifen, das ja menschlich und fehlbar sei. Dieses Verhältnis verändert sich erst in der Neuzeit, und zwar terminologisch durch Descartes, der an Wissen den Anspruch der absolut sicheren, subjektiven Gewissheit der Wahrheit erhebt. Dieser Kurzschluss zwischen dem Wissen und der Gewissheit – d. h. einem epistemischen und einem psychischen Zustand – wurde erst in der Moderne entkoppelt; durch Peirce, Popper u. a. haben wir keine Probleme mehr, auch von fehlbarem Wissen zu sprechen, ohne uns selbst zu widersprechen. Die Gegenrechnung machten im Umkreis Kants Hamann, Jacobi und die deutschen »Glaubensphilosophen« auf; sie bestanden darauf, dass der Glaube eine viel höhere und stärkere Gewissheit mit sich führe als alles Wissen, denn sogar das Wissen von der Welt und von uns selbst beruhe letztlich auf Geglaubtem. Auf ihre Weise zeigten sie, dass die cartesianische Gewissheitsforderung in Wahrheit eine Glaubens- und keine Wissensforderung ist.

Was in der indikativischen christlichen Religion den Zweifel und damit die Kritik anzuregen geeignet ist, betrifft somit gar nicht das neuzeitliche Verhältnis von Wissen und Glauben, sondern die Beziehung zwischen Evidenz und Wahrheit: Evidenzen sind, oder sie sind nicht; Wahrheiten hingegen haben ein Gegenteil – den Irrtum und die Lüge. Es ist dringend zu empfehlen, nicht von »Seinswahrheiten« zu reden, als die z. B. Heidegger die Evidenzen präsentiert; wir sollten ›Wahrheit‹ für die Urteilswahrheiten reservieren. Als Mose vor dem brennenden Busch stand und eine Stimme zu ihm sprach, hatte er nicht die Möglichkeit, auch nur zu erwägen, ob er sich irre, denn er war damit unmittelbar konfrontiert. Die Jünger und Frauen, die dem Auferstandenen begegneten, waren in der gleichen Situation schlichter Evidenz. Das Wahrheitsproblem kam erst dadurch ins Spiel, dass solche Evidenzen in Berichten bezeugt wurden, und dies gegenüber Hörern, denen sie nicht mehr zur Verfügung standen. Jetzt wurde es möglich zu fragen, ob die Berichte Irrtümer enthalten und ob die Zeugen wahrhaftig sind. Bemerkenswert ist hier die anrührende Geschichte vom ungläubigen Thomas, dem Jesus die Chance einräumt, die von ihm bezweifelte Urteilswahrheit der Auferstehung durch sinnliche Evidenz zu bestätigen. Genau in diesem Sinne gaben sich die Pietisten, in deren Umkreis die deutsche »Glaubensphilosophie« gehört, nicht mehr mit den objektivierten Glaubenswahrheiten der lutherischen Orthodoxie zufrieden; ganz cartesianisch bestehen sie bis heute auf der subjektiven Gewissheit der Erlösung und Wiedergeburt: »Welch Glück ist's, erlöst zu sein …«, lautet der Anfang eines ihrer Lieder.

Religionskritik heute?

Man mag einwenden, mein historisches Bild des Christentums sei viel zu positiv ausgefallen; seine Wirklichkeit sei doch ganz anders gewesen. Mir ging es nicht darum, seine Geschichte neu zu erzählen, und schon gar nicht seine Kriminalgeschichte (Deschner). Es sollte deutlich werden, dass die enge Verflechtung der Entwicklung des Christentums mit der abendländischen Aufklärung, die ich eingangs skizziert habe, nicht bloß aus kultureller Überfremdung des Religiösen durch das Profane zu erklären ist, sondern sich aus religionsinternen Wurzeln speist: aus den Verheißungen von Freiheit und der Verpflichtung zur Wahrheit. Dass dem die institutionelle Wirklichkeit des verfassten Christentums und ihre Koalition mit der Staatsmacht seit Konstantin oft genug entgegenstand, mag man beklagen, ist aber nicht die ganze Geschichte. Das religionskritische Potential konnte nur dadurch in dem Maße zur eigenen Sache der Theologen werden, wie dies im Christentum tatsächlich der Fall ist, weil die Theologie als die institutionalisierte Reflexion des christlichen Glaubens durch dessen eigenen Gehalt auf ungezwungene Zustimmung zu dem festgelegt ist, was sich daran als wahr erweisen lässt.

Man kann sich fragen, was es heute am Christentum noch zu kritisieren gibt, was nicht die christliche Theologie selbst schon erledigt hat. Die im Zuge des Reflexivwerdens unserer Kultur vollendete Profanität und Pluralität hat die Bedingungen geschaffen, unter denen sich das Fortleben der Religion »nach der Aufklärung« entscheiden muss. Hermann Lübbe nennt die Unabhängigkeit der

Wissenschaft von »religiös motivierter Weltbildkontrolle«, die Abkoppelung des religiösen Bekenntnisses von den Bürgerrechten, die Ablösung religiöser Institutionen als Instanzen sozialer Kontrolle und die Historisierung des kulturellen Selbstverständnisses; man kann dies im Ergebnis auch als Wissenschaftsfreiheit, Religionsfreiheit, Säkularisierung der Alltagskultur und als gebildete Distanznahme zu den eigenen Traditionen beschreiben.[36] Was die internen Bestände des christlichen Glaubens betrifft, so scheinen die, sofern sie dem modernen Common Sense nicht einfach entsprechen, gar nicht primär durch den modernen Unglauben, sondern vor allem durch die Freiheit der Theologie als Wissenschaft und ihre Wahrheitsverpflichtung gefährdet zu sein, was die immer erneuten Versuche der kirchlichen Autoritäten erklärt, jene Freiheit einzuschränken. Letztlich liegt es nahe, Nietzsche recht zu geben, wenn er behauptet, »der unbedingte redliche Atheismus« sei »ein endlich und schwer errungener Sieg des europäischen Gewissens, ... der folgenreichste Akt einer zweitausendjährigen Zucht zur Wahrheit, welche am Schlusse sich die *Lüge* im Glauben an Gott verbietet ... Man sieht, was eigentlich über den christlichen Gott gesiegt hat: die christliche Moralität selbst, der immer strenger genommene Begriff der Wahrhaftigkeit, die Beichtväter-Feinheit des christlichen Gewissens, übersetzt und sublimiert zum wissenschaftlichen Gewissen, zur intellektuellen Sauberkeit um jeden Preis.«[37] Hier würde man den ehemaligen Chef der vatikanischen Glaubenskongregation und jetzigen Papst Benedikt XVI. gern einmal fragen, was er eigentlich glaubt, wenn er die Jungfrauengeburt oder die leibliche Aufnahme Mariens in den Himmel für wahr hält; in welchem Sinn von ›wahr‹ hält er dies für wahr? Und dann wüsste man gern, was aus einer Schriftreligion werden soll, wenn man in ihr nichts mehr wörtlich nehmen kann.

Diese Kurzgeschichte der christlichen Theologie, die beide Konfessionen betrifft, ist natürlich nicht die ganze Wahrheit über das Christentum unserer Tage. Da gibt es die immer noch mächtigen Amtskirchen und ihre Institutionen, die die rechte Kirchenlehre oder das Bekenntnis verwalten. Ob dies alles auf ehernen oder tönernen Füßen steht, ist freilich schwer zu entscheiden, denn: Wie ist es mit der Volksfrömmigkeit? Umfragen zeigen, dass es sich hier meist nur noch um eine soziale Fassade vor einer undeutlichen Gemengelage des tatsächlich Geglaubten handelt, und das reicht von Schutzengeln bis zu einer »höheren Macht«, die irgendwie alles in Händen hält.[38] Der Kontrast zwischen der wissenschaftlichen Ausbildung der Priester und Pfarrer und dem Bewusstseinszustand des »Kirchenvolks« ist so groß geworden, dass dies viele Amtsträger zerreißt und in die Resignation treibt. Und der Fundamentalismus – nicht nur der islamische? Sofern der überhaupt für kritische Argumente zugänglich ist, wäre es ein Verrat an dem Projekt der Aufklärung, wenn wir glaubten, ihm erfolgreich mit Indoktrination und Propaganda entgegentreten zu können. Auch hier gilt, dass die Aufklärung ein selbstgeleisteter Ausgang aus der Unmündigkeit sein muss, oder sie findet nicht statt; dies können wir nicht erzeugen oder herbeiführen, sondern nur befördern, wenn es sich regt, und dazu ermutigen durch unser Beispiel eines Lebens in Freiheit und in der Wahrheit. Im Übrigen erleben wir hier im Westen in den letzten Jahrzehnten gar nicht mehr so etwas wie eine lebhafte Religionskritik, die immer zur Signatur der Aufklärung gehörte, sondern schlichten Religionsverfall. Die meisten Zeitgenossen sind keine Christen mehr, aber sie wissen gar nicht, warum sie es nicht mehr sind und was das Christentum einmal bedeutete. Es ist paradox, aber in der westlichen Moderne müsste man die Menschen überhaupt erst wieder über die Religion aufklären – nicht nur über die christliche –, damit sie sich dazu ein freies und kritisches Urteil bilden könnten; sie müssten es selbst tun, d.h. sich selbst darüber aufklären, aber das ist erst einmal nicht zu erwarten.

2. Religion und kritische Vernunft

Es war wohl nicht die Absicht von Papst Benedikt XVI., mit seiner Regensburger Vorlesung ausgerechnet unter Protestanten eine so lebhafte Diskussion über Vernunft und Religion auszulösen, hatte er ihnen darin doch implizit, aber deswegen nicht weniger deutlich, ein gestörtes Verhältnis zu diesem Thema bescheinigt. Die theologischen Stellungnahmen dazu sind in diesem Kreis bekannt, und auch Philosophen haben sich hier zu Wort gemeldet: allen voran Kurt Flasch mit einer ebenso scharfen wie historisch gelehrten Replik: »Der Papst hat gesprochen. Der Papst mag unfehlbar sein, Professor Ratzinger ist es nicht.«[1] Dem habe ich nichts hinzuzufügen, und so möchte ich auch nicht direkt eingreifen in eine Debatte, in der nach meinem Eindruck schon fast alles gesagt ist. Entgegen meinem Ruf als militantem Religionskritiker möchte ich einen Schritt zurücktreten und mich meinem Metier gemäß mit den begrifflichen Mitteln beschäftigen, mit denen da gefochten wird. Mir ist aufgefallen, dass fast alle Diskutanten, der Papst eingeschlossen, sich mit einem ungeklärten, intuitiven Vorverständnis dessen zufriedengeben, was die leitenden Ausdrücke ›Religion‹, ›Glaube‹, ›Vernunft‹ und ›Wahrheit‹ bedeuten; Klärungsangebote finden sich nur in Ansätzen. Nun möchte ich nicht als Diskurspolizist missverstanden werden, der Klarheit um jeden Preis durchsetzen möchte; Unklarheit hat aber auch ihren Preis. Häufig sind ja Begriffe mit unscharfen Rändern besonders geeignet, zumindest das Gefühl der Einigkeit zu erzeugen, weil dann niemand ganz genau weiß, worauf genau er sich da mit anderen geeinigt hat; dann aber bleiben auch die wahren Streitpunkte unentdeckt. Beides bringt uns in der Sache nicht weiter. Darum möchte ich versuchen, in begrenzter Redezeit etwas Klärendes zu den zentralen Begriffen ›Religion‹, ›Vernunft‹ und ›Wahrheit‹ beizutragen, um dann, ganz am Schluss, doch noch auf das mir gestellte Thema ›Religion und kritische Vernunft‹ zu sprechen zu kommen.

1. Man kann in sehr verschiedener Weise nach der Vernunft der Religion fragen – zunächst in objektiver oder subjektiver Hinsicht. Religion *obiective spectata* – das ist für die Soziologen ein Teilsystem von sozialen Systemen überhaupt, über dessen Rationalitätsbedingungen sich trefflich streiten lässt und das schon die klassischen Religionskritiker wie Ludwig Feuerbach, Karl Marx oder Sigmund Freud im Auge hatten, wenn sie vom Wesen und der Funktion des Religiösen handelten. Die historisch Interessierten hingegen meinen mit ›Religion‹ stets einen bestimmten kulturellen Großgegenstand wie das Judentum, das Christentum oder den Islam, und sie sind in der Regel vorsichtig mit allgemeinen Thesen über die Vernünftigkeit von Religion schlechthin, denn sie möchten doch der Individualität ihres Objekts gerecht werden. – Bei Religion *subiective spectata* hingegen ist von etwas die Rede, was man hat oder nicht hat, lebt oder auf sich beruhen lässt, und hier sollte man, um Verwechslungen auszuschließen, besser ›Glaube‹ sagen, und da gibt es wieder zwei Möglichkeiten: Ist eine bestimmte Glaubensüberzeugung gemeint (*fides quae creditur*) oder eine Glaubenshaltung (*fides qua creditur*)? Diese Unterscheidung entspricht ungefähr der zwischen den englischen Ausdrücken *belief* und *faith*, und dass wir sie im Deutschen nicht mit unseren Wörtern wiedergeben können, trägt bis heute zu massiven Verwirrungen in der Glaubensdiskussion bei – bis hin zu Kalauern. Ich denke, dass wir uns auf dieser Tagung mit Fragen nach der Vernunft des Glaubens begnügen können, denn auch der Papst hat ja nicht als Soziologe oder Historiker gesprochen, sondern als Theologe.

In diesem Feld kann man beobachten, dass die Katholiken dazu neigen, den religiösen *faith* auf lauter *beliefs* zu reduzieren, d. h. die subjektive Glaubenshaltung als bloße Konsequenz der Glaubensüberzeugungen zu deuten, die man sich durch gehorsame Zustimmung zu den von der Kirchenlehre angebotenen Glaubensinhalten zu eigen gemacht hat. Die Glaubensdokumente des I. und II. Vaticanum, vor allem aber die Enzyklika *Fides et Ratio* von Papst Johannes Paul II, weisen eindeutig in diese Richtung, und Papst Benedikt XVI. folgt dem sehr genau in seiner Regensburger Vorlesung:[2] Der Glaube wird primär als eine besondere »Erkenntnisquelle« angesehen, aus der Einsichten fließen, die der Vernunft allein nicht zugänglich sind, und wenn man die angenommen hat, soll sich dann auch das einstellen, was das Wort ›Glaube‹ als Übersetzung von ›pístis‹ bedeutet: Vertrauen, Zuversicht, Hingabe. – Gegen diese kognitivistische Verkürzung des Glaubensbegriffs haben die Protestanten seit Luther unablässig protestiert, aber sie sind nicht immer der Versuchung entgangen, allein auf den Glauben als subjektive Haltung zu setzen, d. h. den religiösen *faith* gewissermaßen *belief*-frei zu fassen. Wenn dies gelänge, wäre man die Wahrheitsfrage los und man bräuchte die herkömmliche Religionskritik nicht länger zu fürchten. Dass dies eine Sackgasse ist, liegt wohl auf der Hand, denn von dem, worauf man im »Leben und Sterben« vertraut, muss man auch bestimmte Überzeugungen haben, um ihm vertrauen zu können, und darum hat ja auch Schleiermacher, der sich in seinen berühmten *Reden* ziemlich ungeschützt dem Verdacht eines rein »fiduzianischen« Glaubensverständnisses ausgesetzt hatte, dann auch eine *Glaubenslehre* vorgelegt, in der ausgeführt ist, *was* ein evangelischer Christ glaubt, wenn er glaubt. Wie sich die *fides quae creditur* und die *fides qua creditur* zueinander verhalten, scheint ein theologisches Dauerthema zu sein; von den verschiedenen Antworten hängt dann jeweils ab, was es mit der Vernunft des Glaubens auf sich hat.

2. Mit dem Stichwort ›Vernunft‹ betrete ich wieder philosophisches Festland.[3] Zunächst einmal handelt es sich dabei um einen problematischen Singular, der den Verdacht nährt, eine ziemlich schlechte Metaphysik zu transportieren. Hegel konnte noch von

»der« Vernunft sprechen, d. h. von einem großen Subjekt, das sich als Garant unserer vernünftigen Weltorientierung in der Natur und in der Geschichte durchsetze. Diese Möglichkeit ist uns abhanden gekommen, und zwar vor allem durch Kant, der darauf bestand, dass Vernunft nichts anderes als ein »Vermögen« ist, eine Fähigkeit bestimmter Lebewesen, in einer bestimmten Weise zu denken, zu erkennen und zu handeln – »vernünftig« eben. Dass wir solche *animalia* sind, bedeutet nicht, dass wir immer vernünftig wären; wir sind es meistens nicht, und so hat Molière ganz recht: »›Der Mensch ist ein vernünftig Wesen‹; wer's glaubt, der ist nie Mensch gewesen.«[4] Darum ist die Definition ›animal rationale‹ irreführend, und darum schlägt Kant vor, besser vom »*animal rationabile*« zu sprechen.[5] Dagegen ist nichts einzuwenden, denn dass wir zumindest im Prinzip vernünftig sein können, ist die Voraussetzung all unseres Tuns, und außerdem ist es manchmal ganz vernünftig, auch einmal unvernünftig zu sein.

Der Übergang von der substantiellen zur dispositionalen Verwendung des Vernunftbegriffs ist der Grund dafür, dass dieser Begriff selbst aus dem philosophischen Diskurs fast verschwunden ist; wenn man damit die Vernünftigkeit im Sinn einer Kompetenz meint, sagt man heute lieber gleich ›Rationalität‹, und das klingt dann nicht mehr metaphysikverdächtig, sondern wissenschaftlich und modern. Dass es sich dabei um einen komplexen Sammelbegriff handelt, wird schon klar, wenn man sich vergegenwärtigt, was das *animal rationabile* alles kann, wenn es von seiner *rationalitas* Gebrauch macht: denken, sprechen, überlegen, meditieren, zählen, arbeiten, etwas Herstellen, Probleme lösen, handeln, spielen, tanzen, musizieren, dichten und vieles andere. In der Philosophie kommt diese Vielfalt kaum vor; ihre Geschichte ist bis in die Moderne von einem kognitivistischen Vorverständnis geprägt, d. h. die Rationalität wurde hier fast ausschließlich als Erkenntnisvermögen und damit im Horizont der Differenz zwischen Wahrheit und Irrtum gedeutet. Selbst Aristoteles, dem wir bereits eine differenzierte Analyse unserer rationalen Fähigkeiten verdanken,

versteht sie als »dianoëtische«, das Erkennen betreffende Tüchtig-
keiten: »Es sei angenommen, dass es fünf Dispositionen gibt, mit
denen die Seele durch Bejahen und Verneinen die Wahrheit trifft
(*aletheúein*): Herstellungswissen (*téchne*), Wissenschaft (*epistéme*),
Klugheit (*phrónesis*), Weisheit (*sophía*), intuitives Denken (*noûs*).«
In allen fünf Bereichen ist das Treffen der Wahrheit das Entscheidende, und wenn auch die aristotelischen Unterscheidungen niemals wieder ganz vergessen wurden, so tat doch die Fixierung der
antiken wie der mittelalterlichen Metaphysik auf die *theoría* als der
höchsten menschlichen Lebensform das Ihre, um die praktischen
Kompetenzen des *animal rationale* aus dem Fokus der Aufmerksamkeit fernzuhalten, zumal Aristoteles selbst sie von der kognitiven Differenz zwischen Wahrheit und Irrtum her gedeutet hatte.[6]

Die kognitivistische Engführung des Vernunftthemas wurde erst
in der Neuzeit aufgelöst. Das heute vorherrschende pragmatisti-
sche Rationalitätsverständnis, das sich primär an den Bedingungen
erfolgreichen Handelns orientiert, wurde schon von Francis Bacon
präludiert; ihm zufolge soll das Erkennen den »Werken« dienen,
d. h. die Wissenschaft der Naturbeherrschung zum Wohl der Menschen.[7] Auch Kant lehrt den Primat der praktischen Vernunft, aber
in einem anderen Sinn als Bacon und der Pragmatismus; auch er
befreit sie von der Vormundschaft des Kognitiven, ordnet ihr aber
sogleich einen eignen Bereich zu – den des unbedingten Sollens
im Lichte des Kategorischen Imperativs. Kantianer und Pragma-
tisten streiten bis heute darüber, ob es so etwas geben kann wie ein
unbedingtes Sollen; in der Regel geben sich die Ethiker mit dem
bedingten Sollen hypothetischer Imperative zufrieden, die Kant
als bloß »technisch-praktisch« aus der Moral ausschließen wollte.
Entscheidend ist das gemeinsame Resultat: In Fragen der Vernunft
ist neben den traditionellen Wahrheitsanspruch des Vernünftigen
der darauf nicht reduzierbare Geltungsanspruch der normativen
Richtigkeit getreten, und auch von dem muss die Rede sein, wenn
wir heute über die Vernunft des Glaubens diskutieren. Es könnte ja der Fall sein, dass die Tendenz der Aufklärungsphilosophie

und der liberalen Theologie, das *proprium* vernünftiger Religion im moralischen Bereich aufzusuchen, von der neuzeitlichen Pragmatisierung des Vernunftverständnisses ausging. Zudem wurde es sicher mächtig verstärkt durch das reformatorische *sola scriptura* mit seinem systematischen Desinteresse an Metaphysik und die Hinwendung zur *praxis pietatis*.

Diese kurze Vernunftgeschichte wäre unvollständig, wenn sie nicht noch einen weiteren Differenzierungsschritt zumindest erwähnte – den zur hermeneutischen Vernunft. Der Historismus als ein anderes legitimes Kind der Aufklärung hatte darauf aufmerksam gemacht, dass das Verstehen sich nicht von selbst versteht; er hatte die ideale Gleichzeitigkeit alles Vernünftigen in Frage gestellt und auf die spezifischen historischen und kulturellen Bedingungen hingewiesen, unter denen es entsteht und uns zugänglich ist. So genügte es offenbar nicht mehr, mit Kant zu fragen »Was kann ich wissen?« und »Was soll ich tun?«, um sich dann der Hoffnung und dem Menschen zuzuwenden; vor allem anderen stellte sich das Problem »Was kann ich verstehen?« oder »Wie ist Verstehen möglich?«. Verständlichkeit ist nach meiner Einsicht die Elementarbedingung von Rationalität überhaupt; das *animal rationale* ist das Lebewesen, das sich auf eine nicht nur natürliche Weise verständlich machen und in demselben Sinn verstehen kann. Man hat gegen Dilthey eingewandt, seine Dichotomie »Erklären vs. Verstehen« sei ein unsinniger *faux pas*, denn schließlich verstehe man das, was einem erklärt werde, und tatsächlich reserviert noch Kant das Verstehen für den Verstand als das Vermögen vor allem kausaler Erklärungen. In Wahrheit geht es Dilthey aber um das Sinnverstehen, über das man bei Kant oder Hegel so gut wie nichts finden kann, weil es in ihrer Philosophie noch gar nicht zum Problem geworden war. Wenn somit von der Vernunft des Glaubens die Rede ist, muss es zunächst einmal um Verständlichkeit gehen, also um »Glauben und Verstehen«. Der Irrationalitätsvorwurf gegenüber dem Religiösen wird nach meinem Eindruck in unseren Tagen gar nicht mehr primär mit theoretischen oder praktischen

Argumenten vorgetragen, sondern mit einem »Das verstehe, wer will«.

Wir stehen heute am vorläufigen Ende einer langen Ausdifferenzierungsgeschichte des Vernunftkonzepts, in der die Rationalitätsansprüche der Wahrheit, Richtigkeit und Verständlichkeit als nicht aufeinander reduzierbare auseinandergetreten sind. Dieser Prozess hat sich im Bereich praktischer Rationalität weiter fortgesetzt, und so haben wir es neben der wissenschaftlichen und der umstrittenen moralischen eben auch mit technischer, ökonomischer, strategischer und sogar ästhetischer Rationalität zu tun. »Die Einheit der Vernunft und die vielen Rationalitäten« ist ein schöner Buchtitel,[8] der die gegenwärtige Problemsituation sehr genau wiedergibt: Wie kann man angesichts dieser Pluralität die alte Intuition, der zufolge die Vernunft eine ist, noch verteidigen?

Dass die Vernunft tatsächlich ein Plural ist, hat sich offensichtlich noch nicht bis zum Vatikan herumgesprochen. In seinen Verlautbarungen, die durchweg von einem kognitivistischen Vernunftverständnis bestimmt sind, wird mit keinem Wort auf die Tatsache eingegangen, dass in der Philosophie, sieht man einmal von Heraklit und der Stoa ab, niemals ein einheitlicher Vernunftbegriff existierte. Die auf Platon zurückgehende Unterscheidung zwischen *noûs* und *diánoia*, die im Lateinischen mit *intellectus* vs. *ratio* wiedergegeben wurde, findet sich im Deutschen im stabilen Gespann ›Vernunft/Verstand‹ wieder, dem Kant noch die widerspenstige Urteilskraft hinzufügt. Mit einem hermeneutischen Gewaltstreich setzt der Papst den *lógos* von Joh 1,1 mit der objektiven Weltvernunft der Stoiker gleich[9] und behauptet wie sie, unsere subjektive Vernünftigkeit sei mit ihr wesensgleich und nichts anderes als deren Agentur. So ist es auch nicht überraschend, dass Benedikt XVI. mit den Ideen des *intelligent design* sympathisiert, denn auch für die Stoa konnte es nichts Vernunftloses geben, galt ihr doch der *lógos* nicht nur als die Substanz, sondern vor allem als das Struktur- und Verlaufsgesetz der Welt; so ist hier die Welt das Werk des zum Schöpfergott aufgestiegenen Demiurgen aus dem

Timaios. Die Differenz zwischen theoretischer und praktischer Vernunft, die schon Aristoteles gegen Platon geltend gemacht hatte, wird vom Papst mit der Behauptung zurückgenommen, nur wer die Wahrheit erkannt habe, wisse auch, was gut und böse sei; in dieser Version des Platonismus haben Bedenken gegen den naturalistischen Kurzschluss vom Sein auf das Gute oder das Sollen keinen Platz. Mein Haupteinwand gegen den Vatikan aber ist, dass in seinen Mauern, wenn es um die Vernunft des Glaubens geht, kein Platz ist für die Idee kritischer Vernunft. Um zumindest andeuten zu können, was es damit auf sich hat, muss ich einige Betrachtungen zum Wahrheitsproblem vorwegschicken.

3. Die Enzyklika *Fides et ratio* beginnt mit dem Satz: »Glaube und Vernunft sind wie die beiden Flügel, mit denen sich der menschliche Geist zur Betrachtung der Wahrheit erhebt. Das Streben, die Wahrheit zu erkennen und letztlich ihn selbst zu erkennen, hat Gott dem Menschen ins Herz gesenkt, damit er dadurch, dass er Ihn erkennt und liebt, auch zur vollen Wahrheit über sich selbst gelangen könne.«[10] Man fühlt sich an Platon erinnert; im VII. Brief beschreibt er das höchste Ziel der Erkenntnis als die Schau des Wahren, d. h. der Idee des Guten mit den geistigen Augen der Seele.[11] Die Motivation, den mühsamen Aufstieg dorthin zu wagen und durchzustehen, ist nach Platon der *éros*, d. h. die Sehnsucht des Unvollkommenen nach dem Vollkommneren, die sich aus der objektiven Seinsordnung selbst ergibt, und die hat, dem *Timaios* zufolge, der Demiurg so festgelegt, wie es die Idee des Guten vorzeichnet. Dem zitierten Text zufolge ist auch dieser *éros* noch Gottes Geschöpf, und hier wie da sollen Wahrheits- und Selbsterkenntnis des Menschen letztlich zusammenfallen. Die Enzyklika, die die Glaubensdokumente des Vaticanum I und II zusammenfasst und der auch der jetzige Papst bis in die Wortwahl folgt, reproduziert somit einen christianisierten Platonismus, indem der große Singular ›Wahrheit‹ nicht nur gegenständlich als das wahre Seiende aufgefasst, sondern zugleich mit dem Gott der Offen-

barung identifiziert wird, denn Wahrheits- und Gotteserkenntnis sollen ja letztlich zusammenfallen. Der Papst spricht hier genau wie Hegel; über das Verhältnis von Philosophie und Religion sagt er: »Beide haben die *Wahrheit* zu ihrem Gegenstande, und zwar im höchsten Sinne – in dem *Gott* die Wahrheit und er *allein* die Wahrheit ist.«[12] Dann freilich trennen sich die Wege. Hegel ordnet den christlichen Glauben als die »geoffenbarte Religion« der Philosophie unter, wovor sich der Papst bekreuzigen müsste, denn was dabei herauskommt, ist nicht der religiöse Satz »Gott ist die Wahrheit«, sondern die umgekehrte Behauptung, die Wahrheit, die als die eine und ganze im philosophischen System begrifflich dargestellt ist, sei nichts anderes als das, was sich die Religion unter Gott vorstelle.

Wogegen Hegel und die Seinen immer wieder protestierten, war die Vorstellung, die in den vatikanischen Texten auch heute noch ständig variiert wird, dass nämlich die Wahrheit letztlich eine Sache der »Betrachtung« durch den menschlichen Geist sei.[13] Sie folgten damit getreulich Kant und seiner Kritik an der Idee intellektueller Anschauung, die wieder bis auf Platon zurückverweist. Der hatte zwischen einem noëtischen und einem dianoëtischen Erkenntnismodus unterschieden. Das Noëtische entspricht der Metapher des »Auges der Seele« und meint ihre Fähigkeit, auch im geistigen Bereich etwas intuitiv, d. h. wie in einem Blick zu erfassen; dianoëtisch hingegen ist der diskursive oder operative Erkenntnismodus, in dem der Erkennende wie in der Geometrie methodisch Schritt für Schritt vorgehen muss, um zu gesicherten Ergebnissen zu gelangen. Kant und Hegel sind in dieser Sache Aristoteliker, denn Aristoteles hatte alle Erkenntnisvermögen des Menschen dianoëtisch verstanden und bestritten, dass es auf den Ebenen, auf denen es darum geht, das »Wahre zu treffen«, ohne begriffliche Operationen des Denkens abgehe. Das gilt ihm zufolge auch für den noëtischen Rest, das intuitive Wissen des *noûs*, das man sich nicht unmittelbar vergegenwärtigen kann, sondern nur dadurch, dass man in methodischen Schritten zeigt, dass die elementaren

Prinzipien des Denkens und Erkennens – vor allem der Widerspruchssatz – nicht beweisbar sind, weil man sie in jedem Beweis schon voraussetzt. Im Übrigen reserviert Aristoteles das Noëtische ganz für den Bereich der sinnlichen Wahrnehmungen (*aísthesis*), und Kant folgt ihm darin, wenn er mit guten Gründen zeigt, dass die Sinnlichkeit nicht denkt und das Denken nicht anschaut. Die Platoniker hingegen – allen voran die Phänomenologen – operieren bis heute mit angeblich rein geistigen Einsichten, also intellektuellen Anschauungen.

Man könnte diesen ganzen Streit über das Noëtische und Dianoëtische auf sich beruhen lassen, wenn es nicht, wie auf dieser Tagung, um die Vernunft des Glaubens ginge. Zwar bestreitet der Vatikan nicht, dass in der Erkenntnis im Lichte der natürlichen Vernunft das Dianoëtische dominiert, und er behauptet sogar, dass dies ausreiche zur Erkenntnis der Existenz Gottes als eines vollkommenen und gütigen Wesens; zugleich aber möchte er für den Glauben eine besondere Erkenntnisordnung reservieren – eine rein noëtische. In der Enzyklika heißt es, das I. Vatikanum habe bekräftigt, »dass es außer der Erkenntnis der menschlichen Vernunft, die auf Grund ihrer Natur den Schöpfer zu erreichen vermag, eine Erkenntnis gibt, die dem Glauben eigentümlich ist. Diese Erkenntnis ist Ausdruck einer Wahrheit, die sich auf die Tatsache des sich offenbarenden Gottes selbst gründet.«[14] Dem zufolge gibt es zwei Erkenntnisordnungen – die der Vernunft und die des Glaubens, wobei die der Vernunft sogar die dianoëtische Struktur natürlicher Gotteserkenntnis einschließen soll.[15] Was aber könnte genau der Unterschied sein zwischen der »durch philosophisches Nachdenken erlangte(n) Wahrheit« und der »Wahrheit der Offenbarung«?[16]

Für die Philosophen ist ›Wahrheit‹ ein großes Wort, und nicht nur für sie, denn wie würde man jemanden ansehen, der auf die Frage, was er in der Universität suche, antwortete: »Die Wahrheit!«? Das Wort verwenden wir manchmal als Sammel- oder Bereichsausdruck für einzelne Wahrheiten, in der Regel hingegen als Bezeichnung einer bestimmten Eigenschaft von Aussagen oder Behauptungen, nämlich der, wahr zu sein. Diese Eigenschaft, über die schon ganze Bibliotheken geschrieben wurden, sollten wir die Urteilswahrheit nennen. Die Platoniker, und allen voran Martin Heidegger in *Sein und Zeit*, bestehen demgegenüber auf der Seinswahrheit, also auf der Wahrheit als Unverborgenheit (*alétheia*) des Seienden. Dass sie die Grundlage der Urteilswahrheit sei, wie Heidegger behauptet,[17] ist ziemlich unwahrscheinlich, denn Urteile, Aussagen oder Behauptungen haben die logische Eigenschaft, auch falsch oder irrig sein zu können. Seinswahrheiten, die man besser Evidenzen nennen sollte, haben diese Eigenschaft nicht; sie bestehen oder bestehen nicht, und wenn sie nicht bestehen, gibt es auch nichts Falsches oder Irriges. Das hat immer wieder dazu geführt zu meinen, dass die wahre Wahrheit letztlich von dieser Art sein müsse, nämlich evident zu sein. Wenn ich rot sehe, erübrigt sich doch die skeptische Frage, ob ich wirklich rot sehe, und daher rührt die uralte, auf die Griechen zurückgehende Versuchung, das Erkennen als ein sinnliches oder geistiges Sehen oder Gesehenhaben zu deuten, wie es die Wörter ›Einsicht‹ oder ›Evidenz‹ selbst anzeigen. Aber von der Wahrnehmung zum Wahrnehmungsurteil ist es immer noch ein Schritt, und nur Urteile nennen wir wahr oder falsch, während wir nicht wissen, was eine falsche Wahrnehmung sein soll. Zur Frage der Sinnestäuschung sagt Kant, es sei ganz ungerecht, die Sinne dafür verantwortlich zu machen. Wir urteilen auf der Basis sinnlicher Evidenzen, aber dass man sich irrt, darf man der Sinnlichkeit nicht anlasten. Die Sinne täuschen nicht, weil sie nicht urteilen, denn nur der täuscht sich, der auf der Basis sinnlicher Evidenzen Fehlurteile fällt.[18]

Die katholische Kirchenlehre möchte tatsächlich die »Wahrheit der Offenbarung« im Sinne einer irrtumsfreien Evidenz des Geoffenbarten verstehen; in der Enzyklika heißt es, wir begegneten in Jesus der »Wahrheit der christlichen Offenbarung«, und die »Wahrheit, welche die Offenbarung uns erkennen lässt«, sei die »in unsere Geschichte gelegte Vorwegnahme« der »letzten und endgültigen Anschauung Gottes«.[19] Diese *visio beatifica Dei* ist der

Nachklang der rein intellektuellen Anschauung der Ideen, von der Platon als dem höchsten Ziel aller Erkenntnis gesprochen hatte. Dem gegenüber verlegt der Vatikan die Offenbarungsevidenz in die Geschichte, also in Raum und Zeit; dadurch kommen empirische Elemente ins Spiel, die es nicht zulassen, an dieser Stelle nur von rein »geistigen« Einsichten zu sprechen. Dem folgt auch Bischof Wolfgang Huber, wenn er schreibt: »In seiner evangelischen Gestalt konzentriert sich der christliche Glaube darauf, dass Jesus Christus die Wahrheit des Evangeliums in Person ist.«[20] Was könnte das sein – eine personifizierte Wahrheit? Noch schwerer ist zu verstehen, was es heißen soll, dieser Jesus sei das »fleischgewordene Wort« Gottes,[21] also der johanneische *lógos* in Evidenz: Wie kann man das denken – einen personifizierten *lógos*, ein Wort, das auf Erden wandelt? Vielleicht nur so: Jesus ist als Person die Evidenz der Offenbarung Gottes, denn wer ihn sieht, der sieht den »Vater« und versteht den damit verbundenen *lógos*. Dieses Sehen aber gilt, wenn es sich ereignet, als irrtumsfrei. Tatsächlich sind Evidenzen von der Art, dass sich bei ihnen die Frage nach Wahrheit oder Irrtum gar nicht stellt, weil sie, wenn es sie gibt, das Falschsein gewissermaßen grammatisch aus sich ausschließen. So sind sie die Basis aller Offenbarungsreligionen. Als Mose den brennenden Busch sah und Gottes Stimme hörte, hatte er gar nicht die Möglichkeit zu fragen, ob das, was er da erlebte, wahr oder falsch sei; ebenso war es schon Abraham ergangen, später Samuel bei seiner Berufung und schließlich dem Saulus vor den Toren von Damaskus. Und was war zu Ostern? Das Grab war leer, und Jesus wurde gesehen – Paulus zufolge von Kephas, den Zwölfen, von fünfhundert Brüdern auf einmal, Jakobus, danach von allen Aposteln und schließlich von ihm selbst.[22]

Das subjektive Korrelat solcher Evidenzen ist Gewissheit, und Gewissheit ist der Aspekt des Glaubens, den wir mit der *fides qua creditur* ansprechen – als Vertrauen und »gewisse Zuversicht«. Wenn von Glaubenswahrheiten die Rede ist, wie wiederholt sogar bei Habermas,[23] sind in der Regel solche Glaubensgewissheiten gemeint. Urteilswahrheiten hingegen sind der Gehalt dessen, was wir Wissen nennen und mit guten Gründen als wahre, gerechtfertigte Überzeugung verstehen. Es ist verständlich, dass die *fides quae creditur* gern von dieser Art wäre, denn sie versteht sich in der Regel selbst so. Wichtig ist hier, dass man Gewissheit und Wissen nicht miteinander verwechselt: Gewissheit ist ein subjektiver Zustand, der keineswegs die Wahrheit dessen garantiert, was jemand für gewiss hält; Wissen hingegen ist etwas Transsubjektives, weil wahr und gerechtfertigt zu sein die Überzeugungen auszeichnet, von denen viele und im Prinzip alle Subjekte überzeugt sein können. Zudem ist unser Wissen fehlbar, während man nicht sagen kann, was eine fehlbare Gewissheit sein könnte; wie die Evidenzen existieren Gewissheiten oder eben nicht. Ich denke, dass alle echten Glaubens«wahrheiten» von dieser Art sind, und deswegen kennt der religiöse Glaube, wie ich ihn verstehe, auch keine Grade, keine Wahrscheinlichkeiten: Niemand verlässt sich im Leben und im Sterben auf etwas, dessen er nur zu 51% gewiss ist. Deswegen ist dieser Glaube auch keine defizitäre Form des Wissens, wie wir ihn etwa bei Kant definiert finden – als ein »subjektiv zureichendes, aber objektiv unzureichendes Für-wahr-Halten«.[24] Die Glaubensgewissheit kann man durch Argumente weder erzeugen noch widerlegen, wie es im Bereich des Wissens möglich ist; man kann sie nur als Ganze verlieren – z. B. durch mit dem Geglaubten unvereinbare Evidenzen, die jemanden am Glauben nicht nur zweifeln, sondern verzweifeln lassen.

Das Problem jener akustischen oder optischen Offenbarungsevidenzen besteht darin, dass sie nicht von einem Erlebniszusammenhang in einen anderen unmittelbar transportierbar sind; will man sie mit anderen teilen, muss man sie mitteilen, also von ihnen berichten, somit das Feld der Urteilswahrheit betreten. Denn Berichte können wahr oder falsch sein, und in dieser Differenz nistet sich der Zweifel ein. Wo sich der Zweifel regt, zeigt sich, dass man nicht unmittelbar von der Gewissheit zum Wissen übergehen kann. Der Zweifel ist unbequem; wie könnte man ihn wieder ausschließen? Besonders anrührend ist hier die Geschichte vom ungläubigen Thomas, der die Chance erhält, seine Bedenken gegen die Urteilswahrheit der Auferstehungsberichte aufgrund sinnlicher Evidenz aufgeben zu können. Dann sagt Jesus zu ihm: »Dieweil du mich gesehen hast, Thomas, so glaubest du. Selig sind, die nicht sehen und doch glauben.«[25] Dieser Satz ist als Trost gemeint für alle, die nicht wie Thomas an der Evidenz der Offenbarung teilhatten, aber auch als Aufforderung, nicht wie er auf seiner ursprünglichen Forderung zu bestehen: »Es sei denn, dass ich in seinen Händen sehe die Nägelmale und lege meine Hand in seine Seite, will ich's nicht glauben.«[26] Dieser Rückweg von der Urteilswahrheit zur Evidenz erwies sich nach der Himmelfahrt Jesu als versperrt, also musste man diesen Verlust kompensieren. Die frühe Christenheit tat dies durch den Hinweis auf die Glaubwürdigkeit des apostolischen Zeugnisses, und die Kirchen folgten ihr bis heute darin. Im Rückblick mag man sich fragen, was von den Gewissheiten der christlichen Offenbarungsreligion übrigbleibt, wenn man jene Glaubwürdigkeit in Zweifel zieht. Man versteht dann auch, warum die historisch-kritische Forschung von den Bibelfrommen als todbringende Attacke verstanden wird, denn was nützt es, darauf zu bestehen, dass Jesus der geoffenbarte Grund und Gegenstand des Glaubens ist, wenn man den Berichten über ihn nicht trauen kann?

Der Rückgriff von der angeblichen Urteilswahrheit der Berichte von der Offenbarung auf irgendwelche Evidenzen, die ihre Glaubwürdigkeit garantieren sollen, ist in der Vergangenheit auf verschiedene Weise versucht worden. Besonders eindrucksvoll, aber krude ist dabei der Reliquienkult, den man auch im Islam findet: Hier sollen Gegenstände, die man sehen und greifen kann, bezeugen, dass das, von dem da berichtet wird, wirklich existiert hat und in der berichteten Weise geschehen ist. Schon im Neuen Testament, vor allem aber im Protestantismus, setzte man lieber auf die spirituelle Beglaubigung durch den Heiligen Geist, denn das ist ja wohl der Sinn der Lehre Luthers, dass der Glaube aus der Predigt kommt. Die Pietisten pochen bis heute an dieser Stelle genau darauf – auf subjektive und möglichst individuelle Evidenzerlebnisse wie die einer »wundersamen Erwärmung des Herzens«, von der der Begründer des Methodismus, John Wesley, berichtet, einer wirklich gehörten Berufung wie bei Samuel oder einer krisenhaft erlebten Bekehrung, denn erst durch sie könnten der biblische Buchstabe und die toten Kirchenlehren zu religiösem Leben erweckt werden. Erstaunlich ist dabei, dass dieser Subjektivismus in der Regel mit einem harten Fundamentalismus verbunden wird, was die Bibel betrifft. Man kann das verstehen, denn eine Konfession aus lauter privaten Evidenzen wie bei den Quäkern hängt doch ziemlich in der Luft. Dass sich Fideismus und Fundamentalismus nicht gegenseitig ausschließen, mag folgende Erfahrung illustrieren: Ein missionierender Mormone hat mir einmal auf die Frage, wie man wissen könne, dass das Buch Mormon die Wahrheit sei, geantwortet: Man müsse zu Gott beten, und der würde es »einem ins Herz geben«; so argumentieren auch Pietisten, wenn es um die Autorität der Bibel geht: Durch diese Art subjektiver Beglaubigung der Bibel soll sie als Ganze dem Zweifel entzogen werden. Das objektivistische Gegenstück dazu ist die altprotestantische Lehre von der Verbalinspiration, die sich wenig von dem unterscheidet, was der Islam über den Koran zu sagen hat. Hier wie da gilt eine Heilige Schrift als die unfehlbare Präsentation dessen, was deren Autoren in Evidenz hörten oder in die Feder diktiert bekamen, aber für subjektive Evidenzerlebnisse der »Hörer des Wortes« ist da kein Raum; für sie bleibt nur das gehorsame Fürwahr-Halten des Gehörten, wenn sie an der Evidenz der Offenbarung teilhaben wollen. So ist im christlichen wie im islamischen Fundamentalismus das Zeugnis von der Offenbarung selbst zum Gegenstand des Glaubens geworden, d. h. zu einem Fetisch.

Was den Katholizismus betrifft, so habe ich den Eindruck, dass die katholische Kirche nicht erst seit Johannes Paul II. versucht, dem orthodoxen Islam zumindest in einem Punkt nachzueifern – bei der Ausschaltung aller subjektiven Elemente aus dem, was sie als die Glaubenswahrheit ansieht, denn die soll ja in keiner Weise von persönlichen Evidenz- und Gewissheitserlebnissen abhängen. Die Glaubwürdigkeit der Glaubenswahrheit hatte schon Thomas von Aquin mit einem Gleichnis zu sichern versucht – dem des auf einem Brief verzeichneten Absenders, dessen Glaubwürdigkeit die des Briefinhalts verbürgt;[27] natürlich kann man fragen, was diesen Absender glaubwürdig macht. Ähnlich zirkelhaft ist es, wenn die Enzyklika beteuert, dass die Offenbarungswahrheit, »die sich auf die Tatsache des sich offenbarenden Gottes selbst gründet«, »Glaubensgewissheit« sei, weil Gott weder täuscht noch täuschen will.«[28] Hier wie da wird in Wahrheit eine natürliche Theologie vorausgesetzt, der zufolge es unvernünftig wäre, nicht nur die Existenz Gottes zu bestreiten, sondern auch seine Glaubwürdigkeit als vollkommenes Wesen. Im Übrigen wird man hier an die Autorität der Tradition verwiesen, die man freilich zuerst als das Werk des unfehlbaren Wirkens des Heiligen Geistes zu akzeptieren hat, ehe man ihr vertrauen kann. Tatsächlich handelt es sich hier um einen weiteren Fundamentalismus – den der katholischen Kirchenlehre, und ihre Autorität wird dabei ausdrücklich über die der Bibel gestellt, denn die ist ja, allein für sich genommen, nicht glaubwürdig genug. Glauben wird durchweg kognitivistisch verstanden als eine Bildung religiöser Überzeugungen (*beliefs*), aber wenn dabei subjektive Glaubenserlebnisse im Sinn des *faith* keine Rolle spielen dürfen, bleibt an dieser Stelle nur das gehorsame Zustimmen zum Wahrheitsanspruch dessen, was die Kirche lehrt; die *fides* als das Subjektive im Glauben (*faith*) soll sich erst danach einstellen.

4. Nach diesen wohl zu lang geratenen Betrachtungen über die Probleme von Wahrheit und Evidenz, Wissen und Gewissheit soll es noch ganz kurz um das Verhältnis von Glaube und kritischer Vernunft gehen. Zweifel im Feld der Urteilswahrheit sind ihre ersten Regungen. Kritisch ist die Vernunft als unterscheidende (*kreneîn*) also, wenn sie zumindest zwischen wahr und falsch zu entscheiden weiß; in ihrer praktischen und hermeneutischen Funktion treten

dann auch die Geltungsdifferenzen richtig/falsch und verständlich/ unverständlich hinzu. Für einen inneren Zusammenhang zwischen Vernunft und Kritik spricht nicht nur die historische Tatsache, dass die angedeutete Geschichte der internen Ausdifferenzierung des Vernunftbegriffs primär durch vernünftige vernunftkritische und in diesem Sinne selbstkritische Argumente vorangetrieben wurde; auch aus sachlichen Gründen ist die menschliche Vernunft intrinsisch kritisch. Die Wahr-Falsch-Differenz ist die elementare Sinnbedingung der menschlichen Rede und damit des menschlichen *lógos*, den schon Aristoteles als Einheit von Vernunft und Sprache deutete.[29] So wird erst im Übergang von der Evidenz zur Urteilswahrheit die Wahrheit menschlich, aber um den Preis, dass sie bezweifelbar und zum Gegenstand möglicher kritischer Prüfung wird. Evidenzen und erst recht Glaubensgewissheiten lassen sich durch menschliche Rede allein nicht erzeugen; man muss sie erleben, um sie zu haben, und darum verlassen sich die Protestanten an dieser Stelle mit guten Gründen auf den Heiligen Geist. Die katholische Seite ist freilich zu fragen, was von einer Wahrheits- als Glaubensgewissheit zu halten ist, die sich einem Akt des Gehorsams verdanken soll.[30] Kann man sich wirklich gegen den Zweifel für die Gewissheit entscheiden? Mich irritiert an dieser Stelle, dass auch in Texten protestantischer Theologen immer wieder vom gehorsamen Hören des Wortes die Rede ist. Was bedeutet Gehorsam anderes als den Verzicht auf die prüfende Kritik des Gehörten? Das *sacrificium intellectus* ist ein zu hoher Preis für die Glaubensgewissheit – zumindest solange, wie wir an der Idee kritischer Vernunft festhalten.

3. Mit oder ohne Gott? Ansichten des Atheismus

0 Der Titel

Wie nicht schwer zu erraten, ist der Titel meines Beitrags doppeldeutig. Es soll um die Ansichten gehen, die Atheisten und solche, die so genannt werden, vertreten, aber auch um die Ansichten, die über den Atheismus im Umlauf sind: Wie werden Atheisten gesehen, und wie ist es um ihr Ansehen bestellt? Doch zunächst etwas über den Atheismus.

1 ›Atheismus‹

Bei näherem Hinsehen erweist sich ›Atheismus‹ als ein ziemlich undeutlicher Sammelbegriff, und darum fällt es schwer, ihn durch eine einfache Definition zu fassen. Manchmal trifft man noch auf die Vorstellung, die Atheisten seien Gegner Gottes, also Anti-Theisten, aber das sei ein Widerspruch, denn um gegen etwas sein zu können, müsse man voraussetzen, dass es existiere. Eine moderne Fassung dieses Irrtums lautet wie folgt: »Atheismus bezieht sich schon rein semantisch auf etwas Vorgängiges, das eigentlich gar nicht sein soll oder geleugnet werden muss: auf Gott bzw., noch ganz allgemein gesagt, auf etwas Göttliches. Es ist für jeden Atheisten zunächst eine rein sprachliche Herausforderung (die aber nicht nur theoretisch bleibt), dass er in seiner Verneinung einer Wirklichkeit sie zugleich immer setzen muss, wenn er sie verneinen will. Das führt zu der erheiternden Erkenntnis, dass es eigentlich keine Atheisten gäbe, wenn es Gott nicht gäbe.«[1] Dem kann man mit dem Atheisten Bertrand Russell entgegenhalten: Es ist keineswegs der Fall, dass ich, um sagen zu können ›Es gibt keine Einhörner‹,

zuvor annehmen muss, dass es Einhörner gibt, denn nur dann
könne ich ihnen die Existenz absprechen, sondern es genügt die
Wendung: ›Es ist nicht der Fall, dass es etwas gibt, was ein Einhorn
wäre‹, und der Selbstwiderspruch ist vermieden. Darum lässt man
es besser dabei, dass die Atheisten gemäß der Vorsilbe ›a-‹ die Leute
ohne Gott sind, die Gottlosen. Dann fällt auf, dass die Opposition
›Theismus-Atheismus‹ offenbar unvollständig ist, denn üblicher-
weise ist der Ausdruck ›Theismus‹ für den Monotheismus im Sinn
des Glaubens an ein von der Welt unterscheidbares göttliches Wesen reserviert. Wir würden hingegen Anhänger des Polytheismus
oder Pantheismus und sogar des Buddhismus, der ohne explizite
Gottesvorstellung auskommt, nicht als Atheisten bezeichnen; in
diesem weiten Wortsinn sind sie die religiös Ungläubigen oder
Religionslosen.

Sofern Atheisten Gegner sind, wenden sie sich vernünftiger-
weise nicht gegen Gott, sondern nur gegen die Vorstellung, dass
es ihn gebe, und in der Regel sind sie dann auch gegen Religion
überhaupt. Tatsächlich tritt dabei der Atheismus selber als Gegenreligion auf im Sinn der Formulierung ›Ich glaube, dass es Gott
nicht gibt‹. Dieser konfessionelle Atheismus mit seiner naturwis-
senschaftlich verpackten Propaganda hat es in unseren Tagen auf
die Bestseller-Listen geschafft, und man fühlt sich ins 19. Jahrhundert zurückversetzt. Der Abschied vom »Gottes-Wahn«[2] sollte schon damals die Wissenschaft vom Aberglauben befreien und
der menschlichen Freiheit und dem Fortschritt dienen. Es gehört
schon sehr viel Geschichtsvergessenheit bei zusätzlicher Blickver-
engung auf den christlichen oder islamischen Fundamentalismus
dazu, um heute solche Thesen einfach zu wiederholen, wie etwa
die Vertreter der Giordano-Bruno-Stiftung. Diese selbsternannten
Apostel der Aufklärung übersehen, dass in der neuzeitlichen Aufklärungsbewegung die militanten Atheisten immer eine Minderheit waren; die meisten Aufklärer waren Deisten und Anhänger der
Physikotheologie, und ihre Angriffe richteten sich deswegen nicht
gegen Religion überhaupt, sondern nur gegen die institutionelle

Form, die sie im christlichen Abendland inzwischen angenommen hatte. Gleichwohl war im sowjetischen Machtbereich der Atheismus Staatsreligion, und seitdem ist vielen fröhlichen Atheisten das Lachen vergangen. Im Übrigen ist der Glaube an eine negative Tatsache nicht besonders gehaltvoll, und wenn in der Nachfolge Ludwig Feuerbachs ein konfessioneller Humanismus an die Stelle tritt mit dem ersten Glaubensartikel »Der Mensch ist für den Menschen das höchste Wesen«, dann ist nicht ausgeschlossen, dass irgendein Mensch wie Josef Stalin oder Adolf Hitler zum *summum ens* aufsteigt. Darum verzichten wir besser auf einen Nachfolger Gottes und bleiben bei dem Grundsatz: »Der Mensch ist dem Menschen ein Mensch«, wobei gegen Thomas Hobbes zu sagen bleibt, dass dies schwieriger sein kann, als wenn er nur ein Wolf wäre.

Der ungläubige Atheismus sagt nur: »Ich glaube nicht, dass es Gott gibt«; er bekennt also nur seinen Unglauben. Es wäre irreführend, dieses Bekenntnis selbst für eine Konfession zu halten; dann wäre der Unglaube, das Nichtglauben, selber ein Glaube, und das ergibt keinen Sinn. Darum hat dieser Atheist auch keine »Beweislast« zu tragen, denn das, was Robert Spaemann behauptet, betrifft ihn nicht: »Angesichts der überwältigenden Allgemeinheit und Dauer des Gerüchts von Gott und angesichts der Gotteserfahrung vieler Menschen trägt derjenige die Begründungspflicht, der dieses Gerücht als irreführend und diese Erfahrung als Einbildung abtut.«[3] Somit ist es in Wahrheit ein absurdes Unterfangen, die Ungläubigen konfessionell organisieren zu wollen, was der Humanistische Bund versucht. Zudem erinnert dies an die »Dritte Konfession« der Nazi-Zeit: Hier wurden die Ungläubigen als »Gottgläubige« bezeichnet, weil der Ausdruck ›Atheismus‹ bereits vom Sowjet-Marxismus besetzt war, und woran sie glauben sollten, war nur die »Vorsehung«, die den Halbgott Hitler an die Macht gebracht habe. In der Tat ist es misslich, die Position des Unglaubens selbst wieder als einen ›-ismus‹ zu präsentieren, wozu uns die Sprache verführt. Ähnliches gilt übrigens auch für den Agnostizismus, der zugibt, überhaupt nichts zu wissen oder zu glauben, was Gott betrifft: Soll das etwa auch wieder ein Wissen oder Glauben sein? Der ungläubige Atheist ist auch nicht kämpferisch, er will niemanden von irgendetwas überzeugen, und somit gesteht er nur ein, dass er das nicht hat, was sein Gegenüber zu besitzen behauptet – den Glauben an Gott. Wenn ihm dies nicht gleichgültig ist, ist er vielleicht sogar ein frommer Atheist, der nicht anders kann, als das, was er nicht hat, ernst zu nehmen und seinen Verlust zu bedauern. Vielen Zeitgenossen ist freilich ihr Nichtglauben nur ein Achselzucken wert, und noch zahlreicher sind die, die gar nicht wissen, dass sie Ungläubige sind, denn wenn die Gottesfrage aus dem Blickfeld verschwindet, ist auch der Atheismus kein Thema mehr.

2 Atheismuskritik

Atheismus ist somit ein komplexes Phänomen, das man nicht mit ein paar formalen Argumenten vom Tisch bringen kann; unter dieser Überschrift werden ziemlich verschiedene Ansichten vertreten. Dementsprechend vielfältig sind auch die Ansichten, die sich kritisch auf den Atheismus beziehen, und so kann man in diesem Bereich mindestens vier Argumentationen unterscheiden, wenn man von dem schon erwähnten logisch-semantischen Einwand einmal absieht: also politische, moralische, anthropologische und philosophische Atheismuskritik. Es ist noch nicht allzu lange her, dass die Ungläubigen, die Gottlosen auch bei uns als politisch verdächtig und gefährlich angesehen wurden, denn sie stellten mit dieser Haltung die göttliche Legitimation der Herrschaft in Frage, die bis 1918 im Gottesgnadentum des Kaiserreichs Bestand haben sollte. In den islamischen Ländern beginnen heute noch alle wichtigen Reden der Politiker mit der Anrufung Allahs und längeren Koranzitaten, und selbst in den modernen USA kann niemand Gouverneur oder gar Präsident werden, der seinen Unglauben öffentlich eingesteht. Die moralische Atheismuskritik versteift sich immer noch auf den Satz Dostojewskis »Wenn Gott tot ist, ist alles erlaubt« und befürchtet, dass ohne Gott die Moral auf tönernen Füßen stehe, Atheisten somit nicht wirklich anständige Menschen sein könnten. Andere Kritiker führen gegen sie anthropologische Argumente ins Feld und behaupten, ohne Religion leide man unter bestimmten Defiziten und sei dann in Wahrheit gar kein Mensch. Manche Philosophen schließlich führen gegen die Ungläubigen nicht nur ins Feld, dass es sehr wohl vernünftig sei, an Gott zu glauben, sondern, dass es sogar unvernünftig wäre, nicht an ihn zu glauben.

2.1 Atheismuskritik politisch oder: Was bedeutet ›postsäkular‹?

In diesem Kreis ist es wohl nicht notwendig, ausführlich auf die politischen und moralischen Bedenken gegen den Atheismus einzugehen. Der Staat, der Religionsfreiheit gewährt, kann nicht umgekehrt den Gottesglauben zur *conditio sine qua non* guter Staatsbürgerschaft erheben, und dies ist im säkularen Westeuropa ja auch nicht Fall – zumindest im Prinzip. (Ob es in Bayern opportun ist, bei der Vereidigung eines Ministerpräsidenten die religiöse Bekräftigungsformel wegzulassen, steht auf einem anderen Blatt.) Reminiszenzen an die Verknüpfung von Religion und Politik finden sich noch in der Berufung der C-Parteien auf das »christliche Menschenbild«, bei dem aber unklar ist, wie sich die Menschenbilder der Sozialdemokraten oder Liberalen davon unterscheiden sollen. Einspruch möchte ich aber erheben gegen die Formel der »postsäkularen« Gesellschaft.[4] Unser Gemeinwesen war niemals vollständig säkularisiert, wenn man an die privilegierte Rolle denkt, die die großen Konfessionen seit der Weimarer Zeit trotz ihrer durch und durch säkularen Verfassung bis heute im politischen und kulturellen Leben spielen. Wenn man dies etwa mit Frankreich vergleicht, kann man auf die Idee kommen, die Bundesrepublik sogar als präsäkulare Gesellschaft zu kennzeichnen, denn fast überall erheben die Kirchenvertreter ihre Stimme und werden ängstlich gehört; schließlich will man sie als stärkste Kräfte im Bereich der sozialen Wohlfahrt nicht vergraulen. Fest steht, dass bei uns die öffentliche Präsenz der Kirchen in keinem Verhältnis steht zu ihrer tatsächlichen Wirksamkeit in unserem praktisch-atheistischen Alltag.

Deswegen verstehe ich nicht, was Jürgen Habermas in seiner Paulskirchen-Rede dazu bewogen haben mag, zu besonderem Respekt gegenüber den religiösen Stimmen aufzurufen, und was er mit den Sinnressourcen meint, die angeblich in unserer vollständig säkularisierten Kultur zu versiegen drohen. Der Theologe Eberhard Jüngel ist da ganz anderer Ansicht: »Es gibt spätestens seit der Aufklärung im Zusammenhang der Säkularisierung und des sich durchsetzenden Pluralismus eine Art der Entkirchlichung der Gesellschaft, die von den Kirchen selber begrüßt wird oder doch begrüßt werden sollte. Ich meine nicht nur die Aufhebung des staatlich garantierten Geltungsmonopols für eine bestimmte Religion oder Ideologie. Ich meine auch die weltliche ›Beerbung‹ ursprünglich christlicher ›Güter‹. Die weltliche Hochschätzung der Freiheit des Gewissens zum Beispiel (das der Philosoph Hegel für ›ein Heiligtum‹ erklärte, ›welches anzutasten Frevel wäre‹), die weltliche Behauptung der Unverletzlichkeit der Würde der Person, die weltliche Selbstverpflichtung zum Schutz auch des beschädigten Menschenlebens, die allgemeine Schulpflicht und viele andere Errungenschaften des modernen Rechtsstaates sind säkularisierte Schätze der Kirche: Schätze, die oft sogar erst durch ihre Säkularisierung in ihrer vollen Bedeutung erkannt wurden. Die Kirche sollte diese ihre weltlichen Kinder segnen statt sie gewissermaßen in den Mutterschoß zurückzufordern.«[5] Jüngel zufolge ist in der säkularen Gesellschaft das christliche Erbe angetreten und abgegolten worden. Wenn man Säkularisierung richtig versteht, bedeutete dies niemals bloß Eliminierung des religiösen Erbes, sondern dessen Transformation, und in diesem Sinn steht GG 1 »Die Würde des Menschen ist unantastbar« sehr wohl in der Tradition der Schöpfungstheologie, aber diese Supernorm bedarf keiner theologischen Legitimation mehr. Der Streit über die Gentechnik beim Menschen ist deswegen so vergiftet, weil es so schwer ist, genau zu sagen, was GG 1 im konkreten Fall bedeutet, also ob befruchtete Eizellen schon Kandidaten für die Menschenwürde sind oder nicht; stattdessen werfen die einen den anderen vor, die Menschenwürde selber zu missachten, während es in Wahrheit um ein Problem der rechtlichen und moralischen Urteilskraft geht, für die es allgemeine Regeln nicht geben kann. Zudem vermag ich Hinweise oder Einwände von religiöser Seite, die immer noch der Übersetzung ins Säkulare harren, einfach nicht auszumachen; ich habe immer wieder festgestellt, dass sich die normativen Überzeugungen zwischen Christen und Nichtchristen nicht stärker unterscheiden als die zwischen Christen und Christen oder Nichtchristen und Nichtchristen – d. h. ziemlich wenig, weil der normative Konsens in unserer Kultur offenbar stärker ist als der religiöse Dissens. Wenn allerdings die katholische Kirche lehrt, dass Gott bei der Verbindung zwischen Samen- und Eizelle eine unsterbliche Seele beisteuert, ist mir unklar, wie man dies übersetzen soll, und dasselbe gilt für die Grundsätze der katholischen Sexualmoral.

2.2 Atheismuskritik moralisch

Dass alles erlaubt sei, wenn Gott tot ist, ist wenig plausibel, denn auch dann, wenn er tot ist, darf ich nicht bei Rot über die Kreuzung fahren. Deswegen hat eine katholische Moraltheologin in einem öffentlichen Gespräch jenen Dostojewski-Satz mit Recht als absurd bezeichnet, denn wir hätten schließlich ja auch noch unsere Vernunft. Wer glaubt – und dies ist offenbar häufig der Fall –, die Menschen agierten nur dann moralisch, wenn sie Grund hätten, Strafe zu befürchten oder Belohnung zu erwarten, steht noch ganz im Bann des Wortlauts des Alten Testaments, das den Dekalog ausführlich mit positiven oder negativen Sanktionen verknüpft. So sind die Zehn Gebote jahrhundertelang den Menschen beigebracht worden, und deswegen befürchten auch heute noch viele

Zeitgenossen den normativen Zusammenbruch, sollte der oberste Zeigefinger verschwinden. Gleichzeitig pflegen sie sich zu wundern, dass die Kirchen so leer sind, was ihre Befürchtungen noch verstärkt, denn deswegen könnten die Menschen weiter moralisch verwahrlosen; dabei ist es gar nicht verwunderlich, dass die Besucher wegbleiben, wenn ihnen statt der frohen Botschaft nur die Standpauke geboten wird. Mit dem Versprechen ewiger Seligkeit und der Drohung mit Höllenstrafen mag man Wilde domestizieren, mit Moral aber hat das nichts zu tun. In der Variation einer Formulierung aus Platons *Euthyphron* kann man fragen: »Ist das Gute gut, weil es Gott geboten hat, oder hat er es geboten, weil es das Gute ist?«[6] Nur wer das Gute tut, weil es das Gute ist, hat überhaupt erst die Ebene des Moralischen betreten, und dazu sind auch die Atheisten imstande.

2.3 Atheismuskritik anthropologisch oder: Die Wiederkehr der liberalen Theologie

Die Kritiker des Atheismus, die mit anthropologischen Argumenten operieren, behaupten, dass das *animal rationale* überhaupt erst durch Religion zum Menschen geworden sei, weswegen den Ungläubigen etwas Wesentliches zum Menschsein abgehe. Bei einer Podiumsdiskussion wurde mir von bischöflicher Seite entgegengehalten, wenn ich mich nicht selbst in eine Beziehung zum Absoluten setzen und von daher verstehen könne, fehle mir etwas Entscheidendes. Einem anderen Menschen *ex cathedra* mitzuteilen, dass ihm etwas fehlt und was das sei, ist zunächst nichts anderes als ein Übergriff; das wäre genau so, als wenn ich meinem zölibatär lebenden Gegenüber gesagt hätte, auch ich wüsste, was ihm fehlt. Gleichwohl wurde bei anderer Gelegenheit Karl Rahner in demselben Sinn zitiert. Seine Reflexionen über den Fall, dass das Wort ›Gott‹ aus unserem Vokabular verschwunden sei, lassen ihn das Folgende befürchten: »Dann ist der Mensch nicht mehr vor das Ganze der Wirklichkeit als solcher und nicht mehr vor das

Ganze seines Daseins als solchem gebracht … Der Mensch hätte das Ganze und seinen Grund vergessen, und zugleich vergessen – wenn man das noch so sagen könnte – dass er vergessen hat … Was aber wäre dann? Der Mensch würde aufhören, ein Mensch zu sein.«[7]

Dass die Religion die Menschlichkeit des Menschen ausmache, vertrat auch Friedrich Schleiermacher in seiner Analyse des »frommen Selbstbewußtseins als eines der menschlichen Natur Einwohnenden«: »Indem im unmittelbaren Selbstbewußtsein wir uns als schlechthin abhängig finden, ist darin mit dem eigenen Sein als endlichen das unendliche Sein Gottes mitgesetzt, und jene Abhängigkeit ist im allgemeinen die Weise, wie allein beides in uns als Selbstbewußtsein oder Gefühl Eins sein kann.«[8] Er fügt hinzu: »Demzufolge müssen wir alle Gottlosigkeit des Selbstbewußtseins für Wahn und Schein erklären.« Dann unterscheidet er drei Arten: die rohe Gottlosigkeit, die nicht auf Leugnung, sondern nur auf einem »Nichtbewußtsein Gottes« beruht, dann die »vielgötterische« Gottlosigkeit, die sinnlichen Gottesvorstellungen verhaftet bleibt und deswegen nicht zum Monotheismus durchdringt, und schließlich die »eigentlich sogenannte Gottesleugnung, welche als Spekulation auf den höchsten Stufen der Bildung vorkommt«. Schleiermacher bezeichnet sie dann als »frevelhaft«, als »Erzeugnis der Zügellosigkeit« und als eine »Krankheit der Seele von Verachtung alles Geistigen begleitet« oder als »ein tiefes Mißverständnis, also ein(en) Krankheitszustand des Verstandes, welcher aber auch jedesmal sehr bald verschwindet, ohne je zu einem beharrlichen Dasein in der Geschichte zu gelangen«. Sieht man von diesem historischen Fehlurteil einmal ab, erscheint der Atheismus hier als ein bedauerliches oder gar empörendes Phänomen fehlgeleiteter Intellektualität, während das davon unbeleckte fromme Gemüt gar nicht auf die Idee käme, Gott zu leugnen.

Hier fühlt man sich an Schleiermachers großen Antipoden Hegel erinnert, der in seiner Rechtsphilosophie in analoger Weise eine Koalition zwischen dem unbefangenen Alltagsbewusstsein und der philosophischen Spekulation gegen den abstrakten Verstand der Aufklärungs- und Reflexionsphilosophie zu schmieden versuchte; selbst Kants berühmte Frage »Was soll ich tun?« rückt er in die Nähe des Amoralischen, denn wer so frage, sei »in dem Falle, den Wald vor Bäumen nicht zu sehen, und es ist nur die Verlegenheit und Schwierigkeit vorhanden, welche sie selbst veranstalten; ja diese ihre Verlegenheit und Schwierigkeit ist vielmehr der Beweis, daß sie etwas anderes als das allgemein Anerkannte und Geltende, als die Substanz des Rechten und Sittlichen wollen.«[9] Ich habe freilich keine Stelle gefunden, an der Hegel den Atheismus moralisch als »frevelhaft« oder als »Erzeugnis der Zügellosigkeit« verurteilt hätte; bei Schleiermacher hingegen erstaunt dies umso mehr, als er viel deutlicher als Hegel die prinzipielle Differenz zwischen Moral und Religion betonte.

Dass Religion *a priori* zum Menschsein gehöre, weswegen der Atheismus ein bedauerliches oder sogar vorwerfbares Selbstmissverständnis sei, wird auch heutzutage von verschiedenen Seiten vertreten, allerdings in erheblicher Verdünnung, denn niemand lässt hier wie Schleiermacher darauf eine Glaubenslehre folgen. So ist Wilhelm Gräb zuzustimmen, wenn er schreibt: »Die Religion im herkömmlichen Verständnis des christlichen Glaubens ist keine kulturelle beziehungsweise gesellschaftliche Selbstverständlichkeit mehr, sodass man sich, was die religiöse Kommunikation anbelangt, auf die Glaubenden und die Bedeutung, die der Glaube für ihre Lebensführung hat, verlassen könnte.«[10] Genau dies aber hatte Schleiermacher getan und die Theologie in diesem Sinn als eine positive Wissenschaft aufgefasst; was aus ihrem Gegenstand inzwischen geworden ist, wird dann wie folgt beschrieben: »Auch in der kirchlichen Kommunikation stellt man sich zunehmend darauf ein, dass die alten Dogmatismen, der alte Heils- und Erlösungsglaube nicht mehr funktionieren, sondern die Religion seit Kant und Schleiermacher, Hegel und Kierkegaard, Harnack und Troeltsch zum Modus unbedingter Sinnvergewisserung von endlichen Individuen geworden ist, zur Fundierung der unmittelbaren

Selbsthabe individuellen Lebens, zur Affirmation des unendlichen Wertes der Einzelseele, wie sie nur aus der Entdeckung der unvordenklichen Selbstgegebenheit der endlichen Freiheit, aus der ihr durchsichtigen Gründung im Absoluten, somit dem Gottesverhältnis, erwachsen kann.«[11] So erscheint die Religion als eine »eigene Sinnform« und religiöser Glaube als »im Unbedingten sich gründend findende Daseinsgewissheit«.[12] Wenn man in dieser Situation bei Schleiermacher bleiben will, ergibt sich: »Die Theologie hat unter den Bedingungen der Moderne keine ihr vorgegebene Botschaft von Gott auszurichten, sondern das religiöse Verhältnis der Individuen, das menschliche Gottesbewusstsein auszulegen. Die Theologie wird zur Hermeneutik der Religion«,[13] zur »Auslegung der Artikulationen des religiösen Bewusstseins in die kulturellen Überlieferungen der Bibel, aber nicht dort allein. Lässt die Theologie sich von einer weiten Theorie der Religion leiten, wie es der modernen Lebenswelt angemessen ist, dann bringt sie religiöse Gehalte überall dort in Geschichte und Gegenwart zur Auslegung, wo sie auf die Konfiguration von Selbstdeutungen menschlichen Lebens stößt, die auf die unbedingten Sinnbedingungen unseres bedingten, fragmentierten, endlichen Lebens hinweisen.«[14]

Die Basis der so aufgefassten Theologie ist somit nicht mehr eine historisch identifizierbare Offenbarung, sondern eine »Theorie der Religion, die den ebenso weiten wie formalen Begriff der Religion im Gespräch mit der Philosophie, der Soziologie, der Kultur- und Medienwissenschaft interdisziplinär ausarbeitet«;[15] christlich ist sie nur insoweit, als sie sich auslegend primär auf die biblischen Traditionen bezieht, aber auch sie holte »die Transformation der in der Dogmatik artikulierten und kirchlich verfassten christlichen Religion ins vagabundierende Religiöse, in neue ›Formen des Religiösen‹ (Ch. Taylor)« ein.[16] Der Gegenstand der Theologie ist demzufolge nicht mehr nur eine bestimmte Religion, sondern Religiosität überhaupt und in jeweils unterschiedlichen Formen. Man kann hier von einer Renaissance der klassisch-deutschen liberalen Theologie sprechen, die nicht einsehen konnte oder wollte, warum man nicht auch Buddha-, Kant- oder Goethezitate als Predigttexte verwenden könne. Die Revolte der dialektischen Wort-Gottes-Theologie muss darum im Rückblick als »autoritär«[17] erscheinen, denn durch ihre Verweigerung aller den Glauben »nach außen ausschließende(n) Auslegung« sah sie sich schließlich auf den Nullpunkt der »theologischen Existenz« und damit einer »Theologentheologie« reduziert, von dem aus nun nicht mehr Hermeneutik, sondern nur noch Kritik der Religion das Thema war: »Der Flurschaden, der damit auf dem Gebiet der Theorie der Religion angerichtet worden ist, ist noch lange nicht behoben.«[18]

2.3.1 Exkurs I über ›Religiosität‹

Mit ihrer These, dass die Religionskritik der Anfang der Theologie sein müsse, reagierten Karl Barth und die Seinen ja auf nichts anderes als auf den geschichtlichen Vorgang, dessen Ergebnis Wilhelm Gräb richtig benennt: den der Reduktion der Religion auf Religiosität in der westeuropäischen Moderne, der sich in der Begriffsgeschichte genau nachverfolgen lässt.[19] Am Anfang steht die Pluralisierung der Religion im Spätmittelalter, wo sich die einfache Opposition von Glaube und Götzendienst auflöst in die Rede von verschiedenen Religionen neben der eigenen, was den Toleranzgedanken möglich macht. Dies leitet über zur Subjektivierung der Religion, zunächst im Sinn bestimmter religiöser Überzeugungen von Kollektiven, dann aber als Gestalt des persönlichen Glaubens, und dafür stehen die Reformatoren und dann insbesondere der Pietismus. Die Individualisierung ist dann der nächste Schritt; er besteht nicht nur in der weiteren Ablösung von den dogmatischen Gehalten des Christentums, die in subjektivierter Form ja noch sehr lange die persönliche Frömmigkeit der evangelischen Christen bestimmten; wer den Pietismus von innen kennengelernt hat, der weiß, wie stereotyp und wie wenig individuell die angeblich ganz persönlichen religiösen Erfahrungen dort ausfallen, und deswegen ist Subjektivierung noch keine hinreichende Bedingung von Individualisierung. Die Privatisierung der Religion geht noch darüber hinaus, denn sie bleibt nicht bei dem selektiven Umgang mit den christlichen Traditionsbeständen stehen, sondern bedient sich auf dem weltweiten religiösen Markt und seinen Angeboten, um sich daraus eine ganz eigene und private Patchwork-Religiosität zurechtzulegen.[20]

Der Ausdruck ›Religiosität‹, der in der Tat erst in Schleiermachers Lebenszeit allgemein aufkommt, bedeutet seitdem mindestens dreierlei: zunächst die Eigenschaft bestimmter kultureller Lebensformen und Tatbestände, die man in neutraler Beobachterperspektive identifizieren kann; in diesem Sinn beschreiben wir bestimmte Handlungen oder Institutionen, aber auch Kunstwerke als religiös; dass solche »Wertfreiheit« überhaupt möglich wurde, ohne sofort in dogmatische Streitigkeiten verwickelt zu werden, ist auch ein Ergebnis der Subjektivierung der Religion, die einen wesentlichen Aspekt der neuzeitlichen Aufklärungsbewegung ausmacht. – Zweitens versteht man in der Verlängerung dieser Tendenz heute unter Religiosität meist eine bestimmte Erlebnisqualität, die unter der Bezeichnung ›Spiritualität‹ in spezifischen Lebensbereichen nachgefragt und abgerufen wird, sei es in Kirchenbesuchen an Feiertagen, bei kirchlichen Großveranstaltungen oder im kleinen Kämmerlein der Meditation. Besonders hier wird deutlich, dass die funktionale Differenzierung, die moderne Kulturen kennzeichnet, im Abendland die Religion aus dem Zentrum verdrängte und ihr eine marginale Existenz neben anderen und wohl viel mächtigeren Teilsystemen zuwies. Dieser Tatbestand ist der Grund, warum heute kaum noch von Religion im herkömmlichen Sinn die Rede sein kann, d. h. von einer Macht, die das ganze kollektive und persönliche Leben bestimmt; sie findet sich in der Moderne auch in den Individuen zu einer orientierenden Instanz unter anderen herabgesetzt, wenn sie darunter überhaupt noch vorkommt. – Schließlich wird uns seit Schleiermacher von Philosophen und liberalen Theologen Religiosität als eine Grundbefindlichkeit des Menschen, als ein anthropologisches Apriori präsentiert, und sie gründen darauf ihre Kritik des Atheismus. Zunächst wäre es freilich eine historische und empirische Frage, ob es wirklich niemals und nirgends religionsloses Leben gegeben hat oder gibt, das wir gleichwohl nicht doch als menschlich zu akzeptieren bereit wären: Ist es wirklich wahr, dass nur die Religion die Menschen zu Menschen macht? Die Plausibilität dieser Prämisse hängt zunächst wesentlich von dem hohen Abstraktheitsgrad des Religionsbegriffs ab, der hier bestimmend ist, und in der Tat werden Begriffe immer universeller, je mehr man sie semantisch verdünnt. In der Vergangenheit galten jeweils nur Anhänger einer bestimmten Religion als Menschen im vollen Wortsinn, die man deswegen bekämpfen oder bekehren musste; jetzt genügt es offenbar, religiös in einem ganz allgemeinen Sinn zu sein, um uneingeschränkt zur Menschengattung zu gehören.

2.3.2 Exkurs II über den Sinn von ›Sinn‹

Der Schlüssel dazu ist der Sinnbegriff, dessen moderne Konjunktur zeitlich ziemlich genau mit der von ›Religiosität‹ zusammenfällt.[21] In diesem Sinn ist bei Gräb, und nicht nur bei ihm, von Religion als einer »eigenen Sinnform« und als »Selbstvergewisserung« im »Modus unbedingter Sinnvergewisserung« die Rede. Dabei changiert der Sinnbegriff in allen Farben. Man mag somit zwischen Mitteilungs-, Handlungssinn oder mit Heideggers Rätselwort den »Sinn von Sein« unterscheiden, aber der theologische Diskurs macht sich in der Regel diese Mühe nicht.

Ich halte diesen unbefragten, aber höchst belasteten Begriff ›Sinn‹ für einen grammatischen Fetisch. Immer wieder wird versichert, das religiöse Bedürfnis äußere sich stets in der Frage nach »dem« Sinn, sei es der Sinn des Lebens, unseres Daseins und der Welt, und dem zufolge gehe es darum zu erfahren, woher wir kommen und wohin wir gehen. Ich wüsste gern von den praktizierenden Theologen, ob solche Fragen in seelsorgerlichen Gesprächen wirklich vorkommen. Ich habe den Verdacht, dass es sich dann, wenn es wirklich geschieht, dabei um herabgesunkenes Kultur- gut handelt, also um das Nachreden einer kaum verständlichen, halbgebildeten Redeweise, der zufolge religiöse Fragen Sinnfragen seien. Zunächst einmal kann man hier Wittgenstein zitieren, der im *Tractatus* sagt: »Die Lösung des Problems des Lebens merkt man am Verschwinden dieses Problems. Ist nicht dies der Grund, warum Menschen, denen der Sinn des Lebens nach langen Zwei- feln klar wurde, warum diese dann nicht sagen konnten, worin dieser Sinn bestand?«[22] Adorno meint: »Leben, das Sinn hätte, fragte nicht danach; vor der Frage flüchtet er.«[23] Tatsächlich fragen sich viele Menschen, vor allem, wenn sie jung sind, was ihr Leben sinnvoll, also lebenswert und erfüllt machen könnte, aber dies wird sicher nicht geschehen durch irgendeinen »Sinn« im Singular, son- dern nur durch eine Konstellation von sinnvollen Bedingungen, die sich, wenn sie erfüllt sind, kaum in einem Wort zusammen- fassen lassen. Carl Schmitt hatte einmal mit gutem Grund von ei- ner »Tyrannei der Werte« gesprochen, die den juridischen Diskurs bedrohe; analog dazu möchte ich von einer »Tyrannei des Sinnes« sprechen, die heute den theologischen Diskurs dominiert. Ich halte es für völlig weltfremd, die religiösen Probleme, die unsere Zeitgenossen wirklich haben, als Sinnprobleme auszugeben; wahr- scheinlich handelt es sich dabei um eine rhetorische Strategie, mit der sich alle die selbst zu beruhigen versuchen, die sich nicht mit dem Gedanken abfinden wollen, es könne in der Moderne mit der Religion wirklich einmal zu Ende gehen.

Genau dies scheint aber dann der Fall zu sein, wenn das Folgen- de wirklich zutrifft: »In der modernen Lebenswelt ist die Religion im wesentlichen zur Sache der Individuen und das heißt des Sinns geworden, den sie ihrem Leben selbst geben.«[24] In mein Poesie- album hatte damals jemand hineingeschrieben: »Das Leben hat nur den Sinn, den man ihm gibt.« Wenn die Individualisierung der Religion so weit fortgeschritten ist, dass es nur noch darauf an- kommt, welchen Sinn man seinem Leben selbst gibt, dann ist die Privatisierung der Religion so weit fortgeschritten, dass sie sich dadurch selbst aufhebt: Was soll denn das sein – ein Glaube an nichts anderes als an sich selbst? Das Christentum war einmal eine Offenbarungsreligion. Gräb fügt freilich hinzu, dass das Christentum in der modernen Lebenswelt »die Religion der Individualität ist, der unhintergehbaren Selbstvergewisserung des einzelnen in Gott«,[25] aber über die Brücke zwischen dem Selbst in seiner Sinnsuche und Gott erfährt man nur wenig. Es erfolgen nur Hinweise, dass die individuelle Selbst- als Sinnvergewisserung als letztlich »unbedingte« unvermeidlich auf ein Ganzes des Sinnes ausgreift, die nur Gott garantiert oder selbst ist. Um plausibel zu machen, dass das, was man hier den liberalen Theologen als Bemühung von Selbst- und Sinnvergewisserung konzedieren mag, notwendig auf die Gottesfrage hinauslaufe, muss man freilich philosophische Argumente zu Hilfe nehmen, und die werden von religionsphilosophischer Seite auch geliefert.

2.4 Atheismuskritik philosophisch

Hier beschränke ich mich auf zwei Stimmen, die wohl als repräsentativ gelten können: auf Beiträge von Volker Gerhardt und Robert Spaemann, womit sowohl die protestantische wie die katholische Fraktion zu Wort kommen; beide versuchen auf verschiedene Weise, die Rationalität des Glaubens und die Irrationalität des Unglaubens nachzuweisen.

2.4.1 Ein neuer Gottesbeweis (Volker Gerhardt)

Auch bei Gerhardt findet sich das anthropologische Argument: »Die Religion hat den Menschen zu dem gemacht, was er ist«,[26] aber darüber hinaus versucht er die »Vernunft des Glaubens«[27] dadurch zu verteidigen, dass er den Atheisten einen Selbstwiderspruch unterstellt. Das Argument operiert wieder mit dem Sinnbegriff, und deswegen identifiziert es die Atheisten sogleich mit den Nihilisten, die angeblich behaupten, dass alles »grund-, ziel- und zwecklos« und damit »sinnlos« sei.[28] Indem sie sich aber in sinnvollen Sätzen über das Ganze zu äußern versuchten, nähmen sie einen Sinn in Anspruch, um ihn sofort dem Ganzen abzusprechen, von dessen Sinn aber die Sinnhaftigkeit ihrer Rede doch abhänge. Dem Einwand, hier liege eine Äquivokation vor, hält Gerhardt entgegen: »Das Ganze des Daseins ist keine Sache nach Art eines Gegenstands. Es ist nur die von uns benötigte Einheit, die wir so dringend brauchen wie die Einheit unserer selbst, die es uns ermöglicht, einheitlich, d.h. in Form einer Handlung, tätig zu sein. Deshalb ist der Sinn, den wir für uns in Anspruch nehmen, von eben der Struktur, die wir dem Sinn des Ganzen unterlegen.«[29]

Dazu ist zunächst zu sagen, dass Nihilisten wohl Atheisten sein dürften, aber längst nicht alle Atheisten Nihilisten sind, sondern auch sie können mit dem Begriff ›Sinn‹ einen Sinn verbinden. Bestreitbar ist ferner die These, unser Reden und Handeln habe Sinn nur vor dem Hintergrund eines als sinnvoll unterstellten Ganzen; in Wahrheit leben wir in einem verstreuten und nie ganz überschaubaren Inselreich verschiedener Sinnkontexte, und wir machen die Erfahrung, das manche unbewohnbar geworden sind und neue am Horizont auftauchen. So wenig wir nur dann deutsch reden können, wenn wir den Gesamtsinn des im Deutschen Sagbaren kennen, so wenig können wir nur dann vernünftig handeln, wenn wir uns dabei, wenn auch nur implizit, auf ein Ganzes des Handlungssinnes beziehen, das die Grenzen dessen übersteigt, die wir für dieses Ganze halten mögen. Dieser Argumentation liegt ein philosophischer Dogmatismus zugrunde, der in unserer Zunft seit Hegel Schule machte, die These nämlich, dass wir uns dann, wenn wir etwas als endlich, als begrenzt oder als Teil unter Teilen begreifen, in Wahrheit immer schon auf ein Unendliches, Unbegrenztes oder allumfassendes Ganzes bezogen hätten. In Wahrheit liegt hier nur eine grammatische Beziehung vor, die die Verständlichkeit der Ausdrücke auf beiden Seiten sichert; in der Tat versteht man, was ›endlich‹ bedeutet, nur dann, wenn man auch den Ausdruck ›unendlich‹ versteht, aber aus einer solchen semantischen Notwendigkeit eine metaphysische Nötigung zu machen, fällt bei Kant unter die »Amphibolie der Reflexionsbegriffe« und verfällt seitdem der Vernunftkritik.

Bei Volker Gerhardt aber wird daraus sogar ein Gottesbeweis, wenn auch in Anführungsstrichen:[30] »Wenn es überhaupt etwas gibt, was uns sinnvoll erscheint, gibt es auch das Ganze, in dem es wirksam wird. Der Sinn beruht auf einem Grund, in dem die Einheit des Selbst mit dem Ganzen der Welt verbunden ist. Bezeichnen wir diesen Grund als Gott, dann gibt es ihn mit derselben Sicherheit, wie es die Einheit meiner Person im Ganzen des Daseins gibt. Gott ist demnach der Garant des Sinns, in dem sich unser Leben vollzieht.«[31] Da dem zufolge Gott nicht ein Gegenstand unter Gegenständen sein kann, kann der Glaube an ihn auch nicht von der Art gegenständlicher Erkenntnis sein, obwohl an anderer Stelle von ihm als einer »epistemischen Beziehung« die Rede ist.[32] Er gilt hier als Vertrauen in den gelingenden Zusammenhang von Selbst und Welt, das Gerhardt zufolge auch dem wissenschaftlichen Weltumgang immer schon zugrunde liegt, weswegen »die Vernunft des Glaubens auch die Vernunft der Wissenschaft« sei; »beide gründen in der praktisch unaufgebbaren Erwartung, dass unsere eigene schwache Vernunft auf ihren Grund in der Vernunft der Welt vertrauen kann.«[33] Dies sei im Übrigen »die Essenz der christlichen Botschaft«.[34]

Im Deutschen können wir die angelsächsische Unterscheidung zwischen *belief* und *faith*, also epistemischem und religiösem Glauben, ohne Umschreibung nicht wiedergeben; wir haben hier nur ein Wort. Schleiermacher hatte in seinen berühmten Charakterisierungen der Religiosität ganz auf jene Differenz gesetzt; »Geschmack fürs Unendliche« oder »Gefühl schlechthinniger Abhängigkeit« – das sind reine, von allen *belief*-Elementen gereinigte *faith*-Charakterisierungen, und diesen Preis musste er zahlen, um die Religion zu autonomisieren, d. h. von Metaphysik und Moral unabhängig werden zu lassen. Volker Gerhardt knüpft hier an und deutet den religiösen Glauben im Sinne von ›pístis‹ oder ›fides‹ als

Vertrauen, aber ohne Bezug auf irgendeinen konkreten Inhalt, der im Christentum als einer Offenbarungsreligion immerhin vorausgesetzt ist. Die Formalisierung des Glaubensbegriffs ist hier so weit getrieben, dass man nicht mehr verstehen kann, wie irgendjemand überhaupt leben kann, ohne sich selbst, der Welt und dem Zusammenhang beider, den Gerhardt Gott nennt, zu vertrauen: »Gott ist das, was uns als umfassende Einsicht in die Einheit der Welt entgegenkommt.«[35] Der Atheist wird damit nicht nur zu einem irrationalen, sondern zu einem pathologischen Fall: »An der Wirklichkeit Gottes kann nur zweifeln, wer nicht an sich selbst glaubt.«[36] Von Selbstzweifeln geplagte Menschen, die deswegen nicht unbedingt Neurotiker sein müssen, sind demzufolge notwendig Atheisten, während die »Gesunden«, von sich selbst Überzeugten, die wahren Gläubigen sein sollen. Von der tiefsinnigen Bitte: »Herr, ich glaube; hilf meinem Unglauben!«[37] kann hier nicht mehr die Rede sein, obwohl sie die wahre Realität des Glaubens wiedergibt: Die an sich und der Welt Verzweifelten haben immer wieder Halt und Zuversicht im Gottesglauben gefunden, während die, die ohnehin an sich selbst glauben, Gott gar nicht brauchen, es sei denn als Bestätigung ihres Narzissmus. Eine solche Verteidigung der Religion läuft somit auf eine ganz allgemeine, selbstzufriedene Weltfrömmigkeit hinaus, auf einen liberalen »Kosmotheismus« (Assmann), in dem von Offenbarung und ihren möglichen Irritationen nur noch in subjektivistischer Verdünnung die Rede ist – als dem »Weg ..., der zur existenziellen Erfahrung des Glaubens führt«.[38] Dass Religion etwas ist, was unsere gesamte Lebenswirklichkeit in Frage stellen könnte und dadurch eine Umkehr erzwingt, kann hier gar nicht mehr vorkommen, obwohl die drei abrahamitischen Offenbarungsreligionen genau dies bezeugen. Religiosität in diesem abstrakten Sinn ist auch von Fragen der Theodizee nicht mehr erreichbar, die alle wahrhaft Frommen umtreiben müssten; stattdessen heißt es: »Glaube ist die an uns selbst erfahrene Kraft, den im Handeln benötigten Sinn im Ganzen des Daseins festzuhalten. Die Koinzidenz des eigenen Handlungssinns mit dem Ganzen der

Welt erscheint wie ein Wunder – und ist dennoch Ausdruck der Notwendigkeit im Zusammenhang des Ganzen. Beides, Wunder und Notwendigkeit, zeigen das Göttliche einer Ordnung an, die Dingen einen Ort zuweist und Personen ihren Lebensraum eröffnet.«[39] Über eine solche Leibnizsche *harmonia mundi* hatte sich schon Voltaire im *Candide* amüsiert, und wie man sie nach dem schrecklichen 20. Jahrhundert noch beschwören kann, bleibt das Geheimnis solcher intellektuellen Schamanen.

Erzkatholik

2.4.2 Ein weiterer neuer Gottesbeweis (Robert Spaemann)

Mag es sich bei der dialektischen Theologie um einen »Offenbarungspositivismus«[40] (Bonhoeffer) oder um eine »Theologentheologie«[41] (Gräb) gehandelt haben, so haben wir es hier mit einer Philosophentheologie zu tun, also mit einer subjektivistischen Neuauflage der natürlichen Theologie, die auf der Vernünftigkeit dessen besteht, was sie als religiösen Glauben ausgibt. Konnte man in der Moderne den Eindruck gewinnen, dass man Theologie studiert haben müsse, um ohne Kinderglauben fromm zu sein, so ist hier offenbar ein zusätzliches Philosophiestudium erforderlich. Dies bestätigt auch die katholische Version dieses Unternehmens – die Neuauflage des kosmologischen Gottesbeweises durch Robert Spaemann, aber in der abgeschwächten Form eines Arguments zugunsten der »Vernünftigkeit des Glaubens an Gott«.[42] Kosmologisch ist dieses Argument, weil es entschlossen auf die Struktur des Ganzen der Wirklichkeit zugreift, aber nicht auf der protestantisch-subjektivistischen Schiene individueller Sinnstiftung, die dann auch gläubiges Vertrauen in einen allumfassenden Sinnzusammenhang nahelegt, die dort ›Gott‹ genannt wird, sondern in ganz objektiver Orientierung am Wahrheitsbegriff; sein Argument gründet sich auf die These, »dass es, wenn Gott nicht ist, so etwas wie Wahrheit nicht gibt und also kein Argument irgendetwas beweist. Wir sind dann keine wahrheitsfähigen Wesen und also keine Personen.«[43] Als Antwort auf die Frage: »Was glaubt der, der an

71

Gott glaubt?«, heißt es: »Er glaubt, so sage ich, an eine fundamentale Rationalität der Wirklichkeit«,[44] die aber einen transzendenten Grund haben muss, den »ein altes Gerücht« als ›Gott‹ bezeichnet.[45] Die Wissenschaften selbst hätten »bisher kein einziges ernsthaftes Argument gegen das Gerücht von Gott vorgebracht, sondern nur von der sogenannten wissenschaftlichen Weltanschauung, dem Szientismus, also dem, was Wittgenstein den Aberglauben der Moderne genannt hat ... Die Alternative lautet also nicht: wissenschaftliche Erklärbarkeit der Welt oder Gottesglaube, sondern nur so: Verzicht auf Verstehen der Welt, Resignation der Vernunft oder Gottesglaube.«[46]

Nicht zufällig eröffnet Spaemann seine Darlegung mit einer Deutung von Platons Höhlengleichnis, denn tatsächlich argumentiert er in der platonischen Tradition, der zufolge die Struktur der Welt, die ihre Erkennbarkeit durch uns als einer rationalen möglich macht, nur in einem Grund gründen kann, der nicht von dieser Welt ist und als unbedingte Bedingung von allem verstanden werden muss: »Wer an Gott glaubt, glaubt, dass die absolute Macht und das absolut Gute dieselbe Referenz haben: den heiligen Gott«,[47] und »wir wissen, was wir meinen, wenn wir ›Gott‹ sagen: ein Unbedingtes, das seinen Grund in sich selbst hat, weil es das schlechthin Sinnvolle, sich selbst Genügende ist.« Mit der Behauptung »Die Mysterien des Christentums sind die ungeahnte Einlösung dessen, was im Begriff Gottes von der Vernunft antizipiert wird«,[48] gibt sich diese Sicht der Dinge als christlicher Platonismus zu erkennen. Dass die christliche Offenbarung die Antizipationen der rationalen Theologie nicht nur ergänzt, sondern einlöst und bekräftigt, ist katholische Kirchenlehre, wie sie erneut durch Papst Benedikt XVI. bestätigt wurde. Darum wird hier auch am Leitfaden des Wahrheitsproblems mit einem kognitivistischen Glaubensbegriff operiert, der nicht primär *faith*, sondern *belief* meint im Sinn von Überzeugungen, die aus subjektiv zureichenden Gründen für wahr gehalten werden, ohne es objektiv zu sein; Glaube als Gottvertrauen soll sich dann sekundär einstellen. In der protestantischen Tradition, die Schleiermacher auf den Punkt brachte, ist es hingegen die präkognitive Glaubensgewissheit als *faith*, die für den Glaubenden die Wahrheit der geglaubten *beliefs* verbürgen soll.

Das objektive Pendant dieses kognitivistischen Glaubensverständnisses wird durch einen objektivistischen Wahrheitsbegriff angegeben; Wahrheit ist dem zufolge etwas, was es gibt, was offenbart wurde, erkannt werden kann, und deswegen, weil es nur eine Wahrheit gibt, notwendig auf Gott verweist. Das erinnert an Hegel, der von der Philosophie sagt: »Sie hat zwar ihre Gegenstände zunächst mit der Religion gemeinschaftlich. Beide haben die *Wahrheit* zu ihrem Gegenstande, und zwar im höchsten Sinne – in dem, daß *Gott* die Wahrheit und er *allein* die Wahrheit ist.«[49] Dieses gegenständliche Wahrheitsverständnis ist auch die Grundlage für Nietzsches Diagnose des Nihilismus, auf die sich Spaemann beschwörend bezieht; was theoretisch von ihm bleibe, sei »die Einsicht in den inneren und untrennbaren Zusammenhang des Glaubens an die Existenz Gottes mit dem Gedanken der Wahrheit und der Wahrheitsfähigkeit des Menschen. Diese beiden Überzeugungen bedingen einander.«[50] Wenn sich tatsächlich Gottesglaube und Wahrheit gegenseitig bedingen, dann müssen wir zunächst an Gott glauben, um wahrheitsfähig zu sein, aber umgekehrt gelangen wir dann immer nur zu bloß geglaubten Wahrheiten. Das aber ist das weit offene Einfallstor des Skeptizismus, denn bei Kant ist zu lernen, dass der Versuch, das Wahrsein unserer Erkenntnisse von der Existenz und der Struktur eines angeblich wahren Seienden abhängig zu machen, auf eine »elende Diallele«[51] hinausläuft, d. h. auf die Unterstellung, dass die Gegenstände unserer Erkenntnis vor aller Erfahrung bereits die Eigenschaften besäßen, die ihre Erkennbarkeit ausmachen, und genau dies kann niemand beweisen. Nietzsche hat diesen Einwand zu Ende gedacht und gezeigt, dass es mit einem Sein, das die Wahrheit selbst sein soll, »nichts ist«, wie Heidegger sagte, und genau diese Einsicht ist der Nihilismus. Der Gottesglaube als ein bloß subjektiv zureichendes Für-wahr-Halten[52]

(Kant), ist somit kein effektives Gegenmittel gegen den »Verzicht auf Verstehen der Welt« und »Resignation der Vernunft«, und dass er hier beschworen wird, bestätigt nur Nietzsches Diagnose. Der Nihilismus demonstriert ja nur die Haltlosigkeit der metaphysischen Voraussetzungen, die er selbst in Anspruch nimmt, um sich als Position positionieren zu können, aber er ist nicht ohne Alternativen. Statt wie Spaemann unsere menschliche Rationalität und Wahrheitsfähigkeit vom Glauben »an eine fundamentale Rationalität der Wirklichkeit«[53] abhängig zu machen, die durch ein höchstes wahres Seiendes, ›Gott‹ genannt, verbürgt sei, bleibt uns nur, unsere subjektive und endliche Vernunft als den Horizont zu verstehen, in dem Wissenschaft und moralische Praxis möglich sind, und im Übrigen zu hoffen, dass uns die Welt dabei entgegen kommt, aber sicher können wir da nicht sein. Wir haben zudem allen Grund, uns vom metaphysischen Rationalismus zu verabschieden und uns mit seiner methodischen Variante zu begnügen; ›methodischer Rationalismus‹ bedeutet nichts anderes als das Festhalten an unseren rationalen Fähigkeiten gerade dann, wenn wir angesichts der Irrationalität der Welt zu resignieren versucht sind. Die Alternative »rationaler Gottesglaube vs. Nihilismus« ist unvollständig, und deswegen ist die Behauptung, der Atheismus bedeute letztlich die Abdankung der Vernunft,[54] nicht überzeugend.

Auch grammatisch gesehen ist es nicht sinnvoll zu behaupten, das Prädikat ›wahr‹ müsse etwas an den Gegenständen denotieren, damit wir sie in wahren Urteilen zu erkennen vermögen; das läuft auf die unhaltbare These Heideggers hinaus, die Urteilswahrheit setze die Seinswahrheit voraus, und zwar im Sinn der »Unverborgenheit (*alétheia*)« des Seienden.[55] Hegel hatte behauptet, um etwas vernünftig zu erkennen, müsse man es *als* vernünftig erkennen; in diesem Sinn meint Spaemann, wahre Erkenntnisse müssten sich auf Wahres beziehen, und dies führt ihn schließlich zu der These, die »Wahrheitsfähigkeit« des Menschen sei »Gottebenbildlichkeit«[56] – ganz im Sinne neuplatonischer Seelenspekulationen. Wenn wir es mit guten Gründen bei der prädikativen Fassung des

Wahrheitsbegriffs belassen und ihn als den Inbegriff der Regeln verstehen, gemäß deren wir Äußerungen oder Behauptungen die Eigenschaft, wahr zu sein, zusprechen, dann entfällt auch Spaemanns Gottesbeweis »aus der Grammatik, genauer aus dem Futurum exactum. Das Futurum exactum, das zweite Futur, ist für uns denknotwendig mit dem Präsens verbunden. Von etwas zu sagen, es sei jetzt, ist gleichbedeutend damit, zu sagen, es sei in Zukunft gewesen. In diesem Sinne ist jede Wahrheit ewig.«[57] Da keine faktische Erinnerung an diese Ewigkeit heranreiche, müsse der Ort dieses unwandelbaren zukünftigen Gewesenseins, ohne das es kein Präsens gebe, in einem absoluten Bewusstsein aufgesucht werden, dem alles, was geschieht und geschehen ist, immer präsent ist, und dies sei zureichend für das »Postulat des wirklichen Gottes«.[58] Die grammatische Konfusion dieser Argumentation wird deutlich an Spaemanns rhetorischer Frage: »Von welcher Art ist diese Wirklichkeit des Vergangenen, das ewige Wahrsein jeder Wahrheit?«[59] Das Wahrsein wird aufgefasst als Eigenschaft von Wahrheiten, die als ewige garantiert sein sollen durch die unwandelbare Wirklichkeit dessen, was in Zukunft vergangen sein wird, und die verweise auf Gott. Wie schon Hegel ironisch zeigte, ist es irreführend, das Prädikat ›... ist wahr‹ überhaupt mit einem Zeitindex zu versehen – wie es in Württemberg heißt: »Etwas ist so lange her, dass es bald nicht mehr wahr ist«;[60] also macht es auch keinen Sinn, Wahrheit mit Vergangenheit und Zukunft »von Ewigkeit zu Ewigkeit« in Verbindung zu bringen. Zudem ist bestreitbar, dass nur das wirklich ist, was irgendeinem Bewusstsein präsent ist, aber von diesem »*esse est percipi*« hängt Spaemanns Gottesbeweis ab; ewige Wahrheiten können demzufolge nur in einem ewigen Bewusstsein gründen, das ewige Wirklichkeiten vor sich hat. Folgt man diesen Bahnen, kann man dann auch behaupten, ›2 mal 2 = 4‹ sei schon immer wahr gewesen, also lange bevor zweibeinige Lebewesen dies entdeckt hätten, und deswegen müsse es ein höheres, ewiges Lebewesen geben, das dies immer schon gewusst habe.

Die Ansichten des Atheismus und die Ansichten über ihn ergeben ein ziemlich komplexes Bild. Die politische, moralische, anthropologische und philosophische Atheismuskritik operiert durchweg mit der Figur »Was wäre der Fall, wenn es Gott nicht gäbe?« Wir hören: Dann wäre es nichts mit den Menschenrechten und unserer politischen Kultur, dann gäbe es keine Moral, unser Leben und Handeln erwiesen sich als sinnlos, und es gäbe dann auch keine Wahrheit. Bemerkenswert ist daran das »Wenn …, dann …« und damit die Behauptung, dass es besser wäre, wenn Gott existierte. Da aber in den theologisch-philosophischen Debatten seit dem 19. Jahrhundert gar nicht mehr primär Gott selbst, sondern der Glaube das Problem ist, und deswegen in der Regel, wo geglaubt wird, nur geglaubt wird zu glauben, versuchen uns jene Stimmen nicht mehr direkt von der Existenz Gottes, sondern vor allem davon zu überzeugen, dass es besser wäre, an Gott zu glauben. Ihre Argumente bedeuten somit eine Verteidigung des Gottesglaubens als Mittel zu außerreligiösen Zwecken: als Legitimationsquelle für die Politik (Stichwort ›Zivilreligion‹), als sozialen »Kitt«, als moralisches Rückgrat, als Basis für Sinn und Halt im Leben und dann auch für das Zutrauen in unsere eigene Vernunft. Diese Instrumentalisierung des Religiösen bezeugt meist nur den faktischen Unglauben derer, die die Religion so verteidigen, denn da ist nur selten vom eigenen Glauben die Rede. Mir sagte jemand einmal: »Wir brauchen doch die Religion, damit die Menschen einen Halt haben und wissen, wo es langgeht.« Auf die Rückfrage, ob er selbst deswegen die Religion bräuchte, erhielt ich die Antwort: »Ich nicht, aber die Leute.« Wer wirklich fromm ist, müsste eine solche funktionalistische Religionsempfehlung in der Perspektive des neutralen Beobachters als Anmaßung, Hochmut, ja vielleicht sogar als Gotteslästerung empfinden, denn hier wird Gott vor profane Karren gespannt. Hinzu kommt, dass man sich ja auch nicht einfach dazu entschließen kann, an Gott zu glauben, um solchen funktionalen Imperativen zu genügen, oder wie Pascal auf die ewige Seligkeit zu wetten. Zudem kann man Ungläubigen Gott nicht andemonstrieren; noch nie ist jemand durch Argumente allein fromm geworden. Deswegen hatten die Gottesbeweise in der Vergangenheit immer nur die Aufgabe, sich dort, wo schon geglaubt wurde, der Vernünftigkeit des Geglaubten zu versichern: »*Fides quaerens intellectum.*« Das Ergebnis war dabei nicht immer das erwünschte. Von Hermann Cohen wird berichtet, dass er einmal in einer jüdischen Gemeinde seine Gotteslehre vortrug, woraufhin er von einem älteren Gemeindemitglied gefragt wurde: »Ist das wirklich der Gott Abrahams, Isaaks und Jakobs?« Daraufhin seien dem Geheimrat die Tränen gekommen. Die philosophischen Gotteslehren kommen eben immer nur bei einem »Gott der Philosophen« an, der zu manchem gut sein mag, aber beten kann man zu ihm nicht. Man braucht ihn aber auch nicht zur metaphysischen Welterklärung und erst recht nicht als Garanten von Recht und Moral, sodass er sich bestenfalls zur Erweckung eines unbestimmten religiösen Gestimmtseins eignet, das sich bei Intellektuellen in besinnlichen Stunden einstellen mag. Mit der gelebten Frömmigkeit der wirklich Frommen hat dies wenig zu tun, und die zu respektieren sollte dem ungläubigen Atheisten nicht schwerfallen.

4. Der fromme Atheist

Gibt es den überhaupt? Wie soll das zusammenpassen: Frömmigkeit und Atheismus? Atheisten – das sind, wie das Wort besagt, die »ohne Gott«, die Gottlosen, und davon gibt es verschiedene Arten. Manchmal werden sie verwechselt mit den Gottesgegnern, den Anti-Theisten, und dann meint man, sie mit dem Argument in die Ecke treiben zu können, dass sie sich selbst widersprächen: Um gegen etwas zu sein, müsse man voraussetzen, dass es existiere; also glaubten auch sie an Gott. Tatsächlich sind Atheisten, wenn sie »anti-« sind, nicht gegen Gott, sondern nur gegen den Gottesglauben; ihn bekämpften die Radikalen der Aufklärungsbewegung im Namen der Freiheit, aber eben auch die Bolschewiki, um das Monopol ihrer Ideologie zu sichern. Der fromme Atheist ist nicht kämpferisch; er will niemanden von irgendetwas überzeugen. Er stimmt auch nicht zu, wenn behauptet wird: »Atheismus ist, wie der Begriff schon sagt, eine Haltung, die sich auf Ablehnung und Angriff spezialisiert hat«, wobei die Ablehnung als »praktischer« und der Angriff als »theoretischer Atheismus« bezeichnet wird: Der schreitet angeblich »aufgeklärt und aufklärend auf dem Weg vom Mythos zum Logos, glaubt an das baldige Ende der Religion, die er als Aberglaube versteht, bedient sich bei seiner Deutung der Welt, der Geschichte und des Menschen gern der Erkenntnisse der modernen Wissenschaften und gelangt so zu der Überzeugung, dass Religion und Glaube an Gott immer überflüssiger werden.«[1] In unserer modernen Welt sind solche Atheisten selten geworden; die meisten Zeitgenossen zucken bei dem Stichwort ›Atheismus‹ die Achseln, denn für sie ist Gott überhaupt kein Thema mehr. Militanz wird hier als lächerlich empfunden und das Bekenntnis zur Gottlosigkeit als ebenso peinlich wie das Bekenntnis zu Gott, denn Religion ist doch Privatsache.

So unterscheidet sich der fromme Atheist auch von den Bekennenden seiner Art, mit denen man ihn gern in einen Topf wirft. Da wird ihm vorgehalten, sein Unglaube sei doch auch ein Glaube, also ein Gegen-Glaube und auch nicht besser als das, was er ablehnt. Tatsächlich sagt der konfessionelle Atheist: »Ich glaube, dass Gott nicht existiert« und bekennt sich so zu einer negativen Tatsache. Der fromme Atheist hingegen sagt nur: »Ich glaube nicht, dass Gott existiert« und bekennt damit nur seinen Unglauben – nichts weiter. Dem »starken« Atheismus hat Ernst Bloch ein anrührendes Denkmal gesetzt: »Als ich konfirmiert wurde und auf dem Altar die Formel aufzusagen hatte, fügte ich je dreimal hinein: Ich bin ein Atheist! – das ei als Diphtong sprechend, denn wir hatten das Wort nur gelesen, nicht gehört, in freireligiösen Traktätchen, die ›Spaziergänge eines Atheisten‹ und ähnlich hießen.«[2] Zu diesen Schriften gehörten auch »sozialdemokratische Broschüren«, die klarmachten, »dass die Gesellschaft, in der wir standen, Schwindel und die Welt eine Maschine sei«.[3] Die Ressourcen der atheistischen Kampfliteratur aus dem 19. Jahrhundert sind längst erschöpft, und so nehmen sich die heutigen Versuche, die »Gottlosen« unserer Tage im Zeichen eines bekennenden Humanismus konfessionell zu organisieren, einigermaßen antiquiert aus. Außerdem ist es irreführend, beim gegenwärtigen Atheismus von einer »dritten Konfession«[4] zu sprechen, denn hier handelt es sich nicht bloß um Nichts-Bekenner, die in der Minderheit sind, sondern in Wahrheit um die Nicht-Bekennenden, die Indifferenten, die Gleichgültigen. Die »dritte Konfession« war ferner einmal die Bezeichnung der »Gottgläubigen« in der NS-Zeit gewesen, d. h. derer, die den Kirchen den Rücken gekehrt hatten, ohne dass es ihnen erlaubt war, sich als Atheisten zu bezeichnen. Sie sollten sich vom angeblich jüdisch-bolschewistischen Atheismus dadurch unterscheiden, dass sie wie ihr Führer an einem unbestimmten Glauben an eine göttliche Macht wie »die Vorsehung« festhielten.

Überhaupt ist der »-ismus« das Missliche am Atheismus, aber wie sollte man die Position des Nichtglaubenden bezeichnen, ohne sie sofort wieder zu einem positiven Standpunkt oder einer Weltanschauung zu stilisieren? Ähnliches gilt übrigens auch für den Agnostizismus, der zugibt, überhaupt nichts zu wissen oder zu glauben, was Gott betrifft: Soll das etwa auch wieder ein Wissen oder Glauben sein?

Der fromme Atheist gehört ferner nicht zu den Fröhlichen im Lande. Er kann nicht von sich sagen: »Ich dank' es dem lieben Gott tausendmal, dass er mich zum Atheisten hat werden lassen.«[5] Er jubelt auch nicht mit Heinrich Heine: »... den Himmel überlassen wir/den Engeln und den Spatzen.«[6] Dieser Atheismus war einmal das Denkmal einer Befreiung gewesen, eines Aufatmens, einer Gottlosigkeit im Sinne des »Endlich sind wir den Alten los!« Nicht mehr mit der Angst vor der ewigen Verdammnis tyrannisiert werden zu können wurde hier gern mit der Hoffnung auf die ewige Seligkeit bezahlt, denn es gibt ein Leben vor dem Tod. So viel diesseitiger Frohsinn aber ist dem frommen Atheisten verdächtig, denn er bedenkt die Kosten; sein Unglaube ist für ihn vor allem das Denkmal eines Verlustes. Im Kinderlied hieß es von Gott, der die »Sternlein ... gezählet« habe: »Kennt auch dich und hat dich lieb«; das hatte das Kind fest geglaubt, und der Erwachsene kann dies nicht vergessen. Den Schlusschoral aus Bachs Johannes-Passion »Ach Herr, lass dein lieb Engelein ...« oder das Doppelquartett »Denn er hat seinen Engeln befohlen über dir ...« aus Mendelssohns *Elias* vermag er nicht anzuhören, ohne mit den Tränen zu kämpfen: Was sich da einstellt, ist eine Mischung aus Trauer und Wut, dass das alles nicht wahr ist. Der Ausweg einer vollständigen Ästhetisierung solcher Werke ist ihm verschlossen, und weil er hier nicht nur seufzen kann »Wie schön!«, verzichtet er lieber darauf, sie überhaupt anzuhören. Er gehört somit nicht zu denen, die jedes Jahr für teures Geld eine Aufführung von Bachs *Matthäus*-Passion besuchen und schon im Vorhinein wissen, wann sie vor Rührung weinen werden: »Wenn ich einmal soll scheiden ...«. »Es ist vollbracht!« konzertant in der Berliner Philharmonie – für ihn stimmt da irgendetwas nicht.

Die Frömmigkeit des frommen Atheisten besteht darin, dass er nicht anders kann, als das Verlorene religiös ernst zu nehmen, und darum stört es ihn, wo es in bloße Garnitur unseres profanen Alltags aufgelöst wird. Seine Gemütslage bezeugt somit einen Zwiespalt zwischen dem kindlichen Bedürfnis nach Geborgenheit im Glauben an einen »Vater im Himmel« und dem illusionslosen Erwachsensein-Müssen; das eine kann er nicht ganz zum Schweigen bringen, und das andere vermag er nicht zu verleugnen. Wo das Christentum heute als weichgespülte Geborgenheitsreligion angeboten wird, vermutet er intellektuelle Regression, und in der Tat ist da vieles auf dem Markt gemäß dem biblischen »So ihr nicht werdet wie die Kinder …«. Dass das zutiefst unchristlich ist, wusste schon Friedrich Nietzsche; ihm zufolge folgte die europäische Aufklärung selbst einem christlichen Gebot – dem der Wahrhaftigkeit – und damit einer »zweitausendjährigen Zucht zur Wahrheit, welche am Schlusse sich die Lüge im Glauben an Gott verbietet.«[7] Sich daran zu halten, das ist auch Frömmigkeit.

So ist der fromme Atheist nicht »gegen Gott«; er lehnt nichts ab, leugnet nichts und bekennt nichts Gegenteiliges, sondern er hat nicht, was der fromme Theist zu haben beansprucht – den Glauben an Gott. Der ist ihm abhanden gekommen, und so weiß er, was er nicht hat. Das unterscheidet ihn vom gelebten Atheismus der meisten Zeitgenossen, in dem die Gottesfrage gar nicht mehr vorkommt. Vielleicht ist es irreführend, hier überhaupt noch von Atheismus zu sprechen, denn diesen Zustand auf den »Verlust der religiösen Sprache« (Tiefensee) oder das Vergessen, dass man Gott vergessen hat (Krötke),[8] zurückführen zu wollen, setzt doch voraus, dass man das Verlorene und Vergessene irgendwann einmal besaß. Das ist aber bei denen, die ohne religiöse Sozialisation groß wurden – und das sind im Osten Deutschlands die meisten –, schlicht nicht der Fall. So ist es auch nicht zu rechtfertigen, sich über diese neue Gottlosigkeit, die in Wahrheit Areligiosität oder religiöse

Indifferenz bedeutet, abfällig zu äußern, es sei denn, man hätte gute Gründe, sie als einen anthropologischen oder gar kulturellen Defekt anzusehen.[9]

Der fromme Atheist muss zugeben, dass es diese Gründe nicht gibt, so sehr ihn die verbreitete religiöse Bewusstlosigkeit auch persönlich stören mag. Es ist einfach nicht wahr, dass der Mensch »von Natur aus« religiös sei, und deswegen ist Religionslosigkeit weder eine Krankheit noch eine vorwerfbare Protesthaltung, die auf der aktiven Verleugnung einer naturgegebenen Einsicht beruht. Genau das hatte man seit dem späten 17. Jahrhundert unter »praktischem Atheismus« verstanden[10] und als Vergehen geahndet, weil er die angeblich theologische Basis der politischen Ordnung und der Moral bedrohte. Unter denen, die den Atheismusvorwurf zu fürchten hatten, waren aber nicht nur Gottlose, sondern alle, deren Religiosität nicht mit der offiziellen Kirchenlehre übereinstimmte. Als im 19. Jahrhundert bei uns die Atheisten-Verfolgungen endlich aufhörten, veränderte der Ausdruck »praktischer Atheismus« seinen Sinn. Ludwig Feuerbach und Friedrich Engels verwenden ihn kritisch; mit ihm verweisen sie auf die Diskrepanz zwischen dem theoretischen, d. h. rhetorischen Theismus der kulturellen Fassade und der praktischen Lebenswirklichkeit. Das ist bis heute aktuell, denn es ist nicht zu übersehen, in welchem Maße unsere tatsächliche Lebensweise den Anspruch dementiert, wir lebten noch in einer christlich-religiösen Kultur. Wo das aber nicht einmal mehr beansprucht wird, zielt der Begriff »praktischer Atheismus« ins Leere; er trifft dann nicht mehr, was es genau zu beschreiben gilt: unsere postreligiöse Gegenwart.

Dagegen mag man einwenden, dass Religion auch ohne Gott möglich sei wie im Buddhismus; »atheistisch an Gott glauben« war einmal ein berühmtes Stichwort von Dorothee Sölle, und Paul Ricœur versteht den Atheismus als »Boden für einen neuen Glauben …, für einen Glauben des nachreligiösen Zeitalters.«[11] Was könnte ›Glauben‹ hier bedeuten? Im Englischen gibt es dafür zwei Worte: ›belief‹ und ›faith‹, was dem Lateinischen ›opinio‹ und ›fides‹

entspricht, also dem Unterschied zwischen einer Überzeugung und einem Vertrauensverhältnis. Im Deutschen entstehen manche Verwirrungen, aber auch zahlreiche Kalauer in Glaubensfragen[12] dadurch, dass wir hier nur ein Wort zur Verfügung haben. Wenn Kant definiert, Glauben sei ein Fürwahrhalten, das »nur subjektiv zureichend und … zugleich für objektiv unzureichend gehalten« werde, dann spricht er von einer bloßen Vorstufe des Wissens, bei dem dann das Fürwahrhalten auch »objektiv zureichend« sei. Er nennt dies selbst »Überzeugung«,[13] was genau dem englischen ›belief‹ entspricht. Es liegt auf der Hand, dass das zunächst nichts mit dem spezifisch religiösen Sinn von ›fides‹ bzw. ›faith‹ zu tun hat. Das hat aber Kant und viele weitere Philosophen nicht daran gehindert, den religiösen Glauben im Sinn eines subjektiv zureichenden Fürwahrhaltens zu traktieren. Berühmt ist hier vor allem William James' *The Will to Belief*,[14] wo auf Situationen hingewiesen wird, in denen es aus praktischen Gründen gerade darauf ankommt, sich zwischen objektiv unentscheidbaren Alternativen des möglichen Wahrseins zu entscheiden und eine davon entschlossen zu wählen; nach James kann es sich dabei ebenso um moralische wie religiöse Hypothesen handeln. In der Tat ist es Sache des Subjekts, darüber zu befinden, ob die Gründe für das Fürwahrhalten subjektiv zureichend sind oder nicht, denn man kann sich dazu entschließen, überzeugt zu sein und auf weitere Gründe zu verzichten. Überträgt man dies aber in den Bereich des religiösen Glaubens, dann wird der zu einem »guten Werk«, und man gelangt dann zur Behauptung älterer katholischer Katechismen, Glauben sei das gehorsame Fürwahrhalten der Kirchenlehre. Der Unglaube gerät so zur Sünde, der mit Höllenstrafen bedroht ist, und darum sagt Gretchen im *Faust*: »Man muss dran glauben«.

Es handelt sich hier um ein kognitivistisches Missverständnis des religiösen Glaubens (*fides, faith*), denn wäre der von der Art des *belief*, dann wären Existenz und Eigenschaften Gottes Hypothesen, die man wie in Pascals Wette aus Gründen der Wahrscheinlichkeit als wahr unterstellen könnte oder auch nicht. Tatsächlich aber kennt der religiöse Glauben keine Grade, denn niemand betet zu einer Gottheit, von deren Wirklichkeit er nur zu 51% überzeugt ist. Hier gilt das »Ganz oder gar nicht«, was man daran sieht, dass für den wahrhaft Gläubigen der Satz »Gott ist die Liebe« nicht wirklich falsifizierbar ist: Momente des Glücks versteht er als Gnade und Erfahrungen des Leids als Prüfung. Der religiöse Glaube kann nicht schrittweise durch Argumente entkräftet werden, aber er kann als Ganzer verlorengehen, und dieser Unglaube aus Glaubensverlust ist schon in der Bibel der schwarze Schatten des Glaubens: »Ich glaube, lieber Herr; hilf meinem Unglauben!« heißt es da.[15] Das bedeutet nicht, dass hier kognitive Elemente keine Rolle spielen. Erfahrungen können den Glauben erschüttern, und umgekehrt muss man auch hier etwas für wahr halten können, um darauf als seinen »einzigen Trost im Leben und im Sterben«[16] vertrauen zu können. Aber was ist das für ein Wissen?

Glauben (*fides, faith*) und Wissen verhalten sich wie Gewissheit und Gewusstes, also wie ein subjektiver Zustand und ein objektiver Besitz zueinander. Von unserem Wissen, von dem wir annehmen, dass es aus wahren und gerechtfertigten Überzeugungen (*beliefs*) besteht, können wir nur in seltenen Fällen erwarten, dass es gewiss ist; in der Regel müssen wir uns mit wahrscheinlichem und fehlbarem Wissen zufriedengeben. Der religiöse Glaube hingegen besteht aus Gewissheiten, die kein Wissen bereitzustellen vermag. Wissen allein kann den Glauben nicht begründen, denn noch nie ist jemand durch Argumente fromm geworden und sei es durch Gottesbeweise, wie umgekehrt die Frömmigkeit deren Widerlegung durch Kant überlebt hat. Hilfreich ist hier die alte Unterscheidung zwischen dem Glauben, der geglaubt wird (*fides quae creditur*), und dem Glauben, mit dem oder durch den geglaubt wird (*fides qua creditur*). Dieses spezifische Medium der Religion, in dem das Geglaubte überhaupt erst zu etwas Religiösem wird, hat Schleiermacher mit dem heute missverständlichen Terminus ›Gefühl‹ bezeichnet. Damit war in Übereinstimmung mit der Begrifflichkeit um 1800 nicht einfach Emotionalität oder gar

Gefühligkeit gemeint, sondern ein Zustand des Bewusstseins, der die ganze Person betrifft und bestimmt und damit auch alles, was die Person zu wissen glaubt. Dieses Erfasstsein des individuellen Menschen durch ein umfassendes Unendliches war das, was Schleiermacher in seinen *Reden über die Religion. Reden an die Gebildeten unter ihren Verächtern* (1799) als das Spezifische des Religiösen im Unterschied zu Metaphysik oder Moral verteidigte. Dies hinderte ihn nicht daran, eine umfangreiche und einflussreiche Glaubenslehre zu verfassen, in der expliziert wird, was der Glaubende weiß oder wissen kann, wenn er evangelischer Christ ist.[17] Aber nur im Medium der *fides qua creditur* ist dieses Wissen mehr als Religionsgeschichte oder Religionswissenschaft, sondern Theologie.

Diesen Glauben verstand das Christentum seit eh und je als Werk des Heiligen Geistes, also als göttliches Geschenk. Der fromme Atheist gibt zu, dass er ihn nicht hat. Er kann sich nicht dazu entschließen, ihn zu haben, denn er weiß, dass er ihn dann auch nicht hätte. Ihm fehlt die offenbar alles verändernde Erfahrung, die die Gläubigen ›Offenbarung‹ nennen und als die unabweisbare Evidenz von etwas Göttlichem verstehen. Das bedeutet nicht, dass er unempfindlich wäre für das Religiöse; er ist hier nicht einfach »unmusikalisch«, denn sonst wäre er nicht fromm. Er kann sich vorstellen, was Glauben wäre, sei es theistisch oder nicht, aber er kann nicht glauben. Vielleicht würde er sich, wenn sich etwas ohne sein Zutun gut gefügt hat, gern bedanken, aber bei wem? Oder sich im anderen Fall beklagen, aber wo ist der Adressat? Und dann weiß er auch, dass das, was heute unter dem Titel ›Religiosität‹ auf dem Markt ist und dessen »Wiederkehr« gefeiert wird, nicht das ist, was einmal mit der Religion im Ernst gemeint war. Hier geht es nur um eine bestimmte Erlebnisqualität, »Spiritualität« genannt, die vor allem bei religiösen Groß-Events anzutreffen ist; sie ist bestenfalls geeignet, unser allgemeines Wohlbefinden um eine bestimmte Facette zu ergänzen. Das wird der fromme Atheist nicht einfach verachten, aber er wird es nicht mit dem verwechseln, was ihm fehlt.

5. Monotheistische Offenbarungsreligionen als Quelle von Intoleranz und Gewalt?

Bemerkungen zur Assmann-Debatte

Seit mehreren Jahren ist der Monotheismus ins Gerede gekommen. Publikationen des prominenten Ägyptologen Jan Assmann[1] nähren den Verdacht, der Glaube an einen einzigen Gott, der Juden, Christen und Muslime verbindet, habe sich als innerreligiöse Quelle von Intoleranz und Gewalt erwiesen – im Gegensatz zu polytheistischen Religionsformen, die sich dazu nicht geeignet hätten. Die Formel ›Monotheismus und Gewalt‹ ist aber viel zu einfach, denn es gibt auch gewaltfreie monotheistische Denk- und Glaubensformen. Dass das Göttliche nur als Singular denkbar ist, bestimmt die Überzeugungen der Vorsokratiker seit den Anfängen der Philosophie; Aristoteles gibt dem die Gestalt eines rationalen Arguments, das nicht nur die Gotteslehre der Scholastik, sondern auch die rationale Theologie der Neuzeit bestimmt. Die friedfertigste Form des Monotheismus ist wohl der Deismus der Aufklärungsepoche, dem zufolge sich der »Werkmeister« des Universums nach der Schöpfung daraus zurückgezogen hat, um sie sich ganz selbst zu überlassen; mit einem Gott aber, der ins Tagesgeschäft der Welt nicht mehr eingreift, kann man keine Machtansprüche verbinden. Somit kann es in der Intoleranz-Gewalt-Diskussion nur um eine spezifische Form des Monotheismus gehen – nach Assmann: um die monotheistischen Offenbarungsreligionen.

In meinem Beitrag möchte ich zunächst seine Konzeption in Grundlinien in Erinnerung rufen. Dann versuche ich, den Problembestand in einer philosophischen Perspektive zu kommentieren mit dem Ziel, die Intoleranz- und Gewaltquellen des Monotheismus genauer zu identifizieren, als dies bisher in der Debatte der Fall war.

86

1

Die gemeinsame Wurzel von Judentum, Christentum und Islam ist die »Mosaische Unterscheidung«;[2] sie betrifft die Differenz »zwischen wahr und falsch in der Religion, zwischen dem wahren Gott und den falschen Göttern, der wahren Lehre und den Irrlehren, zwischen Wissen und Unwissenheit, Glaube und Unglaube« (12 f.). Dieser Monotheismus versteht sich als diese Wahrheit im emphatischen und exklusiven Sinn des Wortes, aber als geoffenbarte Wahrheit, und dies unterscheidet ihn vom impliziten Monotheismus traditioneller Religionen, auf den in der Folgediskussion wiederholt hingewiesen wurde. Dass er geoffenbart ist, macht den mosaischen Monotheismus zur »sekundären« oder »Gegenreligion« (vgl. 11 und 14), der seine Identität im Widerspruch und Widerstand gegen das religiöse Herkommen findet. Verschärft wird dieser Gegensatz durch das Bilderverbot, das die totale Differenz zwischen dem transzendenten Gott und der Immanenz der Welt ausdrückt; was sich bildlich darstellen lässt und dann angebetet wird, kann nur Götzendienst begründen. Um diese Gefahr zu bannen, empfiehlt sich die völlige Abwendung von den Bildern und die Hinwendung zur Schrift, was auf einen Medienwechsel (vgl. 12) im religiösen Bereich hinausläuft. Bildverstrickung wäre Weltverstrickung, und so erfordert der gegenreligiöse Monotheismus den Abschied von der »Weltbeheimatung« (63), für den Abrahams Auszug aus seiner Heimat die Urszene abgibt. Diese religiöse Weltverneinung stiftet den eigentlichen Gegensatz zwischen dem Offenbarungsmonotheismus und dem, was wir mit einem Begriff des 16. Jahrhunderts als ›Polytheismus‹ bezeichnen;[3] in Wahrheit handelt es sich dabei um »Kosmotheismus« (62), für den die innere Vielfalt nur ein sekundäres Merkmal ist, denn in seinem Kontext kann das Göttliche, wie es häufig der Fall ist, nicht nur implizit als Eines und Einziges verstanden werden, sondern auch explizit wie im Amarna-Monotheismus des Echnaton, der ganz im Umkreis des Kosmotheismus verblieb.

Die mit dem strikten Gott-Welt-Gegensatz gesetzten negativen Potentiale sind nach Assmann die Quellen der »strukturellen Intoleranz« (26) und impliziten Gewaltbereitschaft der monotheistischen Offenbarungsreligionen. Denn es bleibt ja nicht bei der Kennzeichnung der kognitiven Differenz zwischen wahr und falsch, sondern das Falsche ist hier mehr als Unwissenheit, Irrtum oder Verblendung, sondern Unglaube, Ungehorsam, Abfall, Sünde, Verworfenheit im Lichte des Geoffenbarten. Dies zwingt zur Grenzziehung und Ausgrenzung, d. h. zur Intoleranz. Die Geschichten vom Goldenen Kalb und um den Propheten Elia mit ihren Gewaltorgien zeigen paradigmatisch, wie das Judentum dabei zu Werke geht: mit dem Ausstoß der inneren Abweichler und der Stabilisierung der Differenz zur religiösen Außenwelt. Christentum und Islam hingegen mit ihrem jeweiligen Universalitätsanspruch gehen den umgekehrten Weg; für sie ist nicht die Assimilation, sondern das Fortbestehen religiöser Unterschiede der Horror, und so muss, was anders wäre, vernichtet werden – notfalls auch mit Gewalt. Der Kosmotheismus hingegen – so Assmann – kennt Intoleranz nicht und braucht deshalb auch nicht tolerant zu sein; in Wahrheit ist er ein kommunikatives System, in dem die religiösen Unterschiede nicht zur Abgrenzung, sondern vielmehr zu einem In-Beziehung-Setzen des Verschiedenen einladen – z. B. durch Übersetzung der fremden Götternamen in die eigenen und vertrauten; so sind Religionskriege hier prinzipiell ausgeschlossen. Natürlich ist die kosmotheistische Welt kein gewaltfreies Paradies, aber die Gewalt hat hier keine spezifisch religiösen Quellen.

Seine These über die Gründe, warum sich die monotheistischen Offenbarungsreligionen durch ihre interne Struktur als Quellen von Intoleranz und Gewaltbereitschaft erwiesen haben, fasst Assmann so zusammen: »Die Mosaische Unterscheidung betrifft, wie gesagt, die Unterscheidung zwischen wahrer und falscher Religion. Meine These ist, dass diese Unterscheidung in der Religionsgeschichte eine revolutionäre Innovation darstellt. Sie war den traditionellen, historisch gewachsenen Religionen bzw. Kulturen fremd. Hier gelten die Leitdifferenzen des Heiligen und des Profanen oder des Reinen und Unreinen. Die Hauptsorge gilt nicht, wie in den sekundären Religionen, der Gefahr, falsche Götter anzubeten, sondern ganz im Gegenteil der Möglichkeit, eine wichtige Gottheit zu vernachlässigen. Fremde Religionen haben grundsätzlich den gleichen Wahrheitswert wie die eigene, und man geht davon aus, dass zwischen den eigenen und den fremden Göttern Beziehungen der Übersetzbarkeit bestehen. Der Übergang von der primären zur sekundären Religionserfahrung ist daher auch gleichbedeutend mit einer neuartigen Konstruktion von Identität und Alterität, die solche Übersetzbarkeit blockiert. An die Stelle dessen, was man eine ›Hermeneutik der Übersetzung‹ nennen könnte, tritt eine ›Hermeneutik der Differenz‹, die sich des Eigenen durch eine Vermessung des Abstands zum anderen versichert und nach dem Prinzip ›omnis determinatio est negatio‹ verfährt.« (38)

Dagegen wurde zum einen eingewandt, die Mosaische Unterscheidung sei eine Erfindung Assmanns und habe so, wie er sie darstellt, gar nicht stattgefunden; sie sei eine geschichtsfremde Konstruktion und eine moderne Projektion (vgl. 16 f.). Andere Stimmen halten dies für eine neue Sündenfallgeschichte mit dem Tenor »Die Juden sind an allem schuld«, die geeignet sei, Antisemitismus zu nähren (vgl. 25 und 29). Dann wurde der christliche Universalismus als Gegenmittel gegen Intoleranz und Gewalt gepriesen, wobei freilich dessen internes Gewaltpotential aus dem Blickfeld geriet (vgl. 29 f.). Spätere Beiträge zur Diskussion verwiesen überdies auf den immanenten Pazifismus von Judentum und Christentum, die sich meist auf René Girards Deutung des Monotheismus als Zähmung der Gewalt beriefen.[4] Schließlich wurde Assmann im Ernst unterstellt, er wolle die Mosaische Unterscheidung rückgängig machen – gleichsam als Weg vorwärts in eine bessere Vergangenheit (vgl. 17 f.).

Diese Kritiken gaben Assmann Gelegenheit, den Status seiner Untersuchungen und den Charakter seiner Thesen zu präzisieren: Es geht ihm nicht um Religionsgeschichte, sondern um theologische »Gedächtnisgeschichte« (16), d.h. um das alte und neue Fortleben bestimmter »semantischer Potenziale« (ebd.), die als »regulative Idee« (16 und 54) zwar niemals als einzige Kraft die Wirklichkeit der monotheistischen Offenbarungsreligionen bestimmte, sie aber sehr wohl normativ prägte. Für Assmann handelt es sich dabei um eine »zivilisatorische Errungenschaft ersten Ranges« (25), die man selbst dann nicht aufgeben könne, wenn man dies wollte: In sozialer Hinsicht steht der entstehende Monotheismus für die Auflösung der traditionellen Einheit von »Herrschaft und Heil«, der zufolge der Herrscher zugleich göttliche Funktionen wahrnimmt wie im alten Ägypten; wenn das Heil ausschließlich zur Sache Gottes geworden ist, emanzipiert sich die Religion von der Politik, wobei freilich der religiöse Primat immer wieder die Wendung zu Theokratie und Priesterherrschaft nahelegte (vgl. 67 ff.). Psychologisch gesehen gehört der Monotheismus in die Vorgeschichte des »inneren Menschen« und damit des Individuums im uns vertrauten Wortsinn, wobei sich Assmann hier der Deutung Sigmund Freuds in *Der Mann Moses und die monotheistische Religion* anschließt (vgl. 12 und 119 ff.). Gleichwohl fordert er dazu auf, den »Preis des Monotheismus«, d.h. seine strukturellen Gewaltpotentiale im Auge zu behalten und weiter zu bearbeiten (vgl. 164 f.), und angesichts des modernen Fundamentalismus – nicht nur des islamischen – besteht dazu ja auch Grund genug.

2

Dieser knappen Skizze habe ich nichts Kritisches hinzuzufügen, sondern nur eine Nachfrage, die sich auf die von ihm gezogene Parallele zwischen Mose und Parmenides bezieht. Was der Ausdruck ›Gegenreligion‹ bedeutet, möchte er anhand der Entstehung der Wissenschaft bei den Griechen verdeutlichen: »Wie die monotheistische Religion auf der Mosaischen, so beruht die Wissenschaft auf der ›Parmenideischen‹ Unterscheidung. Die eine unterscheidet zwischen wahrer und falscher Religion, die andere zwischen wahrem und falschem Wissen. Diese Unterscheidung, die sich in den Sätzen von der Identität, vom Widerspruch und vom ausgeschlossenen Dritten (›tertium non datur‹) artikuliert, wird gemeinhin mit dem Namen des Parmenides verbunden, der im 6. Jahrhundert lebte … Der neue Wissensbegriff, den die Griechen eingeführt haben, ist genauso revolutionär wie der neue Religionsbegriff, den die Juden eingeführt haben und für den der Name des Mose steht. Beiden Begriffen ist eine neuartige Kraft zur Unterscheidung, Negation und Ausgrenzung eigen.« (23 f.) Tatsächlich ist die griechische Wissenschaft »Gegenwissen« (24) in demselben Sinne, wie der Offenbarungsmonotheismus »Gegenreligion« ist, nur lautet die Opposition hier »Logos vs. Mythos« oder »begründbares Wissen vs. tradierte Weisheit« (ebd.). Dabei ist unbestreitbar, dass auch vom parmenideischen »Gegenwissen« ein »Denkzwang« ausgeht, der das wilde Denken diszipliniert und in logisch korrekte Bahnen zwingt;[5] gleichwohl ist Vorsicht geboten, was die Reichweite solcher Analogien betrifft: Kann man die »Denkzwänge« der Wissenschaft, bei denen es letztlich um den »zwanglosen Zwang des bessern Arguments« (Habermas) geht, wirklich mit den Sanktionen vergleichen, die strukturell intolerante Religionssysteme notwendig verhängen?

Das Irreführende liegt hier in der univoken Verwendung des Wahrheitsbegriffs; sie verdeckt, dass es sich bei ›wahr/falsch‹ in Religion und in Wissenschaft um sehr Verschiedenes handelt. Das einfache Gegenteil von ›wahr‹ ist ›unwahr‹, aber das Unwahre kann falsch, irrig und gelogen sein, je nachdem man auf das Gesagte, den kognitiven Zustand des Sprechers oder die Sprecherabsicht blickt: ›2 mal 2 ist 5‹ ist falsch; wer das meint, irrt sich; wer das wider besseres Wissen behauptet, ist nicht wahrhaftig, sondern lügt. Die parmenideische Unterscheidung »Nur Seiendes ist, und Nichtseiendes ist nicht«, aus der die von Assmann genannten logischen Prinzipien ja erst sekundär folgen, hat mit der zwischen »Wahrheit und Lüge« (25) nichts zu tun, sondern sie benennt das wahre Seiende als Index des bloß vermeintlich Seienden, und wer sich an dieses Pseudo-Wahre hält, ist im Irrtum; davor warnt im Lehrgedicht des Parmenides die Göttin: »... vor *diesem* Wege der Forschung, dann auch vor dem [Weg], auf dem nichtswissende Sterbliche herumirren, doppelköpfige. Denn Ratlosigkeit lenkt in ihrer Brust ihren aus der Bahn geworfenen Sinn. Sie aber treiben dahin, taub und blind zugleich, blöde, glotzende, urteilslose Haufen ...«.[6] Unterstellt man zunächst Wahrhaftigkeit auf allen Seiten, wird deutlich, dass wissenschaftliche und religiöse Falschheit nicht auf derselben Ebene liegen. Wo in Religionen etwas als falsch gebrandmarkt wird, ist mehr gemeint als Unwissenheit oder Irrtum, sondern Falschheit als Gegenteil des *Richtigen*. Das religiös Falsche, das durch Mose in die Welt kam, ist nicht bloß irreführend oder bedauerlich wie das vermeintliche Wissen, sondern es ist skandalös, empörend, Sünde; es zwingt zu Ausgrenzung und Verfolgung. Natürlich meinen auch wir manchmal das Richtige, wenn wir von dem Wahren sprechen – etwa von wahrer Freundschaft oder von einem wahren Vergnügen, aber um der Klarheit willen sollten wir in unserem Kontext ›wahr/falsch‹ für die Wissenschaft und ›richtig/falsch‹ für die Religion reservieren.

Wo Wahrheit im Spiel ist, wird ein *kognitiver* Geltungsanspruch erhoben; Richtigkeit aber meint mehr: Korrektheit der Lebensführung im Lichte geltender Regeln und Normen – also einen *sozialen* Geltungsanspruch. Der Unterschied zwischen richtiger und falscher Religion betrifft nicht nur den zwischen zwei Überzeugungen oder Bewusstseinszuständen, sondern zwischen zwei gegensätzlichen Lebensformen, wobei die eine, die richtige, die andere notwendig ausschließt. Die Wissenschaft kennt nur sehr schwache Sanktionen; die »nichtswissenden Sterblichen« mag sie als »doppelköpfig«, »blöde« oder »glotzend« beschimpfen, aber dabei muss sie bereits fürchten, dass es ihr nicht selbst an den Kragen geht, denn die so Beschimpften haben immerhin die Mehrheit. Eine Religion hingegen, die mit dem Anspruch ausschließlicher Richtigkeit auftritt und sich dabei auch noch durch den einen Gott selbst autorisiert weiß, ist nicht so harmlos; sie versteht sich nicht bloß als Quelle wahrer Überzeugungen, sondern als normative Instanz, die definiert, was gottgefälliges Leben praktisch bedeutet, und die zudem berechtigt ist, alles andere auszugrenzen und zu verfolgen. Darum sind die monotheistischen »Gegenreligionen« notwendig Gesetzesreligionen; ihre Basis sind nicht neue Erkenntnisse, sondern göttliche Gebote, und das gilt trotz des paulinischen Gegensatzes von Gesetz und Evangelium auch für das Christentum, dem zufolge das Liebesgebot das Gesetz nicht beseitigt, sondern ganz erfüllt.

Gleichwohl kommt die religiöse Richtigkeit nicht völlig ohne Wahrheit aus. Um zu klären, was in diesem Kontext ›Wahrheit‹ bedeuten könnte, ist zu erinnern an die Unterscheidung zwischen der Seins- und der Urteilswahrheit, die auf Platon zurückgeht. Wahrheit als Eigenschaft des wahren Seienden – nach Heidegger die »Unverborgenheit (*alétheia*)«[7] – existiert oder existiert nicht, gibt es oder gibt es nicht; sie hat kein Gegenteil. Anders ist es mit unseren Urteilen; unwahre, irrige Urteile hingegen existieren sehr wohl. Obwohl Heidegger im Anschluss an Platon zu Unrecht behauptete, die Seinswahrheit sei die Grundlage der Urteilswahrheit,[8] empfiehlt es sich, bei den Seinswahrheiten besser von *Evidenzen* zu sprechen. Damit meinen wir die unbezweifelbare Präsenz von etwas Vermeintem, auf das wir uns zu berufen pflegen, wenn wir ein Urteil darüber als wahr beanspruchen. Meine These ist: Religiöse »Wahrheiten« sind in Wahrheit *Richtigkeiten auf der Basis von Evidenzen*. Assmann weist darauf hin, dass in den vormosaischen Religionen nicht eigentlich »geglaubt« wurde, wenn man unter ›Glauben‹ ein vollständiges subjektives Überzeugtsein auch ohne zureichende objektive Basis versteht (vgl. 27); die Götter waren hier »Sache einer schlichten und natürlichen Evidenz …, einer Evidenz, wie sie der Monotheismus ins Reich der Idolatrie und der heidnischen Gottesverehrung verwiesen hat« (ebd.).[9] Die Offenbarung bestand demgegenüber nicht in Irrtumsnachweisen oder im »besseren Argument«, sondern in einer ebenso ursprünglichen *Gegen-Evidenz*: Als Mose den brennenden Busch sah und

Gottes Stimme hörte, hatte er gar nicht die Möglichkeit, wahr und falsch gegeneinander abzuwägen; die Gewalt des Präsenten schloss die Möglichkeit, sich bei diesem Erlebnis vielleicht doch geirrt zu haben, einfach aus. Man kann hier von einer Urszene der Offenbarungsreligion sprechen, die die Bibel in vielen Varianten erzählt – bei der Berufung Abrahams, Samuels, der Propheten ebenso wie bei der Bekehrung von Paulus; auch der Islam kennt sie im Zusammenhang der Entstehung des Koran. Es ist wohl nicht zufällig, dass die geoffenbarten Gegenevidenzen akustischer Natur sind, denn sie richten sich ja gegen den Augenschein des herkömmlichen Common Sense, der Assmann zufolge einer der Welt- als Bildverstrickung gewesen war.

Die Unterscheidung zwischen Evidenzen und Urteilswahrheiten in ihrer Anwendung auf die Offenbarungsreligionen ist freilich nur ein analytischer Vorschlag, denn auch in ihnen fehlen kognitive Geltungsansprüche nicht völlig. Das Judentum stellt die Thora (Weisung) in den Zusammenhang der geschichtlichen Erfahrungen des eigenen Volkes und beansprucht dafür historische Wahrheit; dasselbe gilt für das Christentum, demzufolge das Leiden und die Auferstehung Jesu wirklich geschehen sind, oder für den Islam mit seinen Berichten über das Leben Mohammeds. Dass diese Gesetzesreligionen zugleich Geschichtsreligionen sind, berührt aber ihren Kern nicht, denn der besteht im evidenten Gehalt der Offenbarung und nicht nur in der Behauptung, dass die Offenbarung tatsächlich stattgefunden hat. Und doch bekommen es die Offenbarungsreligionen auch intern mit dem Problem der Urteilswahrheit zu tun, denn die geoffenbarten Evidenzen, auf die sie sich stützen im Gegensatz zu den Evidenzen des kosmotheistischen Common Sense, sind aus flüchtigem Stoff; man hat sie, erlebt sie, aber wenn sie vorüber sind, kann man sie nur in sprachlicher Gestalt objektivieren, zumal das Geoffenbarte hier selber sprachlich verfasst ist. Der Gott der Offenbarung befiehlt zudem die Mitteilung an andere, und so kommen Urteile, Sätze, Aussagen, Behauptungen ins Spiel, die sämtlich die Eigenschaft haben, wahr oder falsch sein zu können. Jetzt kann sich der Mitteilende irren; er kann etwas vergessen, missverstanden oder unabsichtlich verfälscht haben, und er bekommt zudem ein Glaubwürdigkeitsproblem, denn die Hörer können seine Wahrhaftigkeit anzweifeln – das Schicksal mancher Propheten. Dieses Problem erbt sich fort, sobald die Offenbarungsreligionen die Gestalt von Schriftreligionen annehmen, denn die Schrift vermittelt keine unmittelbaren Evidenzerfahrungen, sondern verweist nur sekundär auf die, von denen sie im Nachhinein berichtet. So ist es kein Zufall, dass die schriftvermittelten Weltreligionen sämtlich von einer tiefen Sehnsucht nach der simplen Präsenz des Göttlichen bestimmt sind. Die Kabbala suchte sie im verborgenen Sinn der biblischen Schriftzeichen selber; der christliche Reliquienkult glaubt bis heute, zumindest Überbleibsel und unbezweifelbare Anzeichen dessen unmittelbar vor sich zu haben, von dem die Bibel und die Heiligenlegenden erzählen. Die moderne Variante dieser religiösen Evidenzkultur ist der pietistische und evangelikale Kult der Bekehrungserlebnisse; ursprünglich gegen die verknöcherte protestantische Orthodoxie gerichtet, sollen hier die unpersönlichen Kirchenlehren, die sämtlich im problematischen Raum von Wahrheit und Falschheit stehen, ihre ganz subjektive Beglaubigung finden.

3

Wenn wir somit die »Wahrheiten« der monotheistischen Offenbarungsreligionen als Richtigkeiten auf der Grundlage spezifischer Evidenzen verstehen, bleibt der Status von ›richtig‹ genauer zu bestimmen; erst dadurch machen wir uns auf die Suche nach den Quellen von Intoleranz und Gewalt, die hier zu vermuten sind. Evidenzen von Richtigem allein machen noch keine Religion; das mag uns freilich so erscheinen, solange wir mit dem modernen Sprachgebrauch unter ›Religion‹ nur etwas ganz Persönliches verstehen: eine private Haltung oder ein individuelles Gestimmtsein auf der Grundlage dessen, was Menschen in ganz subjektiver Perspektive für evident halten – bloße Religiosität also.[10] Evidenzen werden erst dann religionsrelevant, wenn ihnen ein Aufforderungs- oder Gebotscharakter eigen ist, der befolgt oder nicht befolgt werden kann. Wittgenstein hat uns daran erinnert, dass es im Umkreis reiner Subjektivität kein ›richtig‹ oder ›falsch‹ gibt, denn niemand kann rein privat einer Regel folgen, weil er dann nicht wissen kann, ob er ihr tatsächlich folgt oder ob er nur meint, ihr zu folgen.[11] Richtigkeiten brauchen somit einen sozialen Kontext, um nicht nur verstanden, sondern auch befolgt werden zu können. Religionen, die sich als »richtige« verstehen, existieren zudem notwendig in institutioneller Form, denn nur so bleibt es nicht bei leeren Richtigkeitsansprüchen, mögen die auch im Gehalt des Geoffenbarten noch so nachdrücklich erhoben werden. Für das traditionelle Verständnis ist es ganz selbstverständlich, dass zur Religion nicht nur Religiosität, sondern auch ein praktizierter Kultus, ein Lehrbestand und ein mit Sanktionsgewalt ausgestattetes Personal gehört, das mit realen Folgen über das ›richtig‹ und ›falsch‹ wacht. Es ist also nicht der normative Gehalt der Richtigkeiten von Religionen allein, der Intoleranz und Gewalt verursacht, sondern er ist nur eine der Bedingungen, zu denen andere hinzutreten müssen, damit es dazu kommt – vor allem bestimmte institutionelle Regelungen sind hier zu nennen, die es überhaupt erst ermöglichen, dass normative Richtigkeitsansprüche gewaltsam durchsetzbar werden.

Institutionelle Regelungen sind nur vor dem Hintergrund der Funktionen verständlich, die ihnen in bestimmten Kulturen zugewiesen werden; an dieser Stelle betreten wir die weite Welt funktionalistischer Religionstheorien.[12] Die Religionssoziologie in der Tradition der Durkheim-Schule verweist vor allem auf die Integrations- und die Interpretationsfunktion der Religion zumindest für traditionale Gesellschaften, und von solchen ist ja hier die Rede.[13] Dabei liegt auf der Hand, dass der Monotheismus als Sinndeutungsressource, die ein Weltbild bereitstellt, nicht per se gewalterzeugend ist; die Theologie des »Gottes der Philosophen«

seit der Antike ist dafür der Beleg. Die kopernikanische Wende, der »Fall Galilei« und andere Beispiele zeigen freilich, dass Weltbildveränderungen sehr wohl gewaltrelevant werden können, wenn sie nämlich mit den Evidenzen in Konflikt geraten, auf die eine Gesellschaft ihre religiösen Richtigkeiten stützt. Die Sicherung kollektiver Identität – der Juden als auserwähltes Volk, der Christen als »Gemeinschaft der Heiligen« oder der Muslime als der allein Rechtgläubigen – betrifft ja nicht nur Fragen der Selbstdeutung einer sozialen Gruppe, sondern die Stabilisierung und Konservierung ihrer Lebensformen und normativen Orientierungen. Davon hängen dann auch die Funktionen ab, die die Religion im psychischen Haushalt der Gruppenmitglieder bereitstellt: Entlastung des Individuums bei Problemen der Lebensorientierung, Kontingenzverarbeitung,[14] Angstbewältigung[15] und manches andere wäre hier zu nennen. Assmann beschreibt eindringlich, was der Offenbarungsmonotheismus psychodynamisch bedeutete: Er wurde als Hass auf das überkommene Vertraute erfahren, der neuen Hass auf sich zog. Der antike Antijudaismus, den vor Konstantin auch die Christen zu spüren bekamen, war vor allem ein Anti-Monotheismus, der für die Lebenswelt das Ende der Kulte und die Schließung der Tempel bedeutete; da ist es verständlich, dass die durch ein solches religiöses Vakuum erzeugten Ängste in Aggressivität umzuschlagen drohten.[16]

Die »Richtigkeiten« der monotheistischen Gegenreligionen stellen ohne Zweifel kognitive, soziale und psychische Bedingungen von Intoleranz und Gewalt bereit; sie vermögen in der Tat, dies normativ zu rechtfertigen und dazu zu motivieren. Wirklichkeit im nicht bloß individuellen Maßstab gewinnt dies erst dort, wo der Monotheismus politisch wird, d. h. wo sich seine »Wahrheiten« mit der Macht verbinden, und dies war im Kontext der mosaischen Unterscheidung von Anfang an der Fall: »Der Monotheismus ist im Kern politische Theologie« (66). Assmann belegt dies anhand des Vergleichs des Monotheismus des Echnaton, der als ein »Monotheismus der Erkenntnis« (57) zu verstehen ist, mit dem des Mose: Nicht Erkenntnis, sondern Bindung ist die Grundlage; nicht eine Erklärung der Welt steht im Vordergrund, denn die ist religiös neutralisiert, sondern ein Bund mit dem einen Gott, der das Heilsversprechen an den Gehorsam eines ganzen Volkes knüpft. Damit war unmittelbar das Ideal der Theokratie verbunden, das Mose in persona verkörperte und das es dem alten Israel später so schwer machte, Könige zu akzeptieren. Ihm hängen die Islamisten bis heute an, während die Juden es in die Zukunft des Messias projizieren und für die Christen das Königreich Christi »nicht von dieser Welt« ist; gleichwohl wirkte das theokratische Muster seit der konstantinischen Wende auch im Christentum fort als Idee göttlicher Herrschaftslegitimation – bis hin zum Gottesgnadentum der europäischen Monarchen und der Kriminalisierung des Atheismus als Staatsgefährdung bis weit ins 19. Jahrhundert. Politisch ist ferner der Mechanismus der praktisch wirksamen Selbst- und Gegenidentifikation, d. h. die sozial folgenreiche Unterscheidung zwischen »Freund und Feind«:[17] da bleibt es nicht bei der Intoleranz als kollektiver und individueller Haltung, sondern hier geht sie im Konfliktfall in reale Gewalt über.

Toleranz wird offenbar überall dort möglich, wo die sozialen, psychischen und politischen Funktionen der strukturell intoleranten monotheistischen Offenbarungsreligionen an Bedeutung verlieren, und dies war in der westlichen Moderne wirklich der Fall. Dies geschah vor allem durch die Wirksamkeit funktionaler Alternativen. So vermochte der entstehende Nationalstaat immer eindeutiger die kollektive und individuelle Identifikation zu ersetzen, die zuvor die Religions- und Konfessionszugehörigkeit bereitstellte. Die religionsneutrale Idee der individuellen Bildung mag man als neuheidnisches Äquivalent der christlichen *praxis pietatis* ansehen. Legitime Gewalt gründet im modernen Staat nicht mehr in göttlichen Weisungen, sondern sie »geht vom Volke aus«. Der verbreitete Slogan, dem zufolge die Religion in der Moderne »Privatsache« geworden sei, bedeutet in seinem Ursprung zunächst nichts anderes als Religionsfreiheit im Sinne der Freiheit der Religion gegenüber dem Staat als der Machtagentur der Öffentlichkeit; dann sind religiöse Wahrheitsansprüche politisch neutralisiert, die religiösen Institutionen haben nur noch geringe soziale Macht und die Teilhabe an den politischen und sozialen Freiheitsrechten hängt nicht mehr von den religiösen Überzeugungen der Individuen ab.[18] So wenig es der polytheistische Kosmotheismus verdient, nur gelobt zu werden,[19] so wenig leben wir in der Moderne, in der die religiösen Wurzeln von Intoleranz und Gewalt im Prinzip gekappt sind, im Paradies; diese Mächte haben eben auch andere Wurzeln. Mit Sorge kann einen erfüllen, dass in der modernen Welt diese Wurzeln erneut auszutreiben beginnen – in Gestalt des Fundamentalismus, womit nicht nur der islamische gemeint ist. Erstaunlich ist, wie sich dies mit einem Prozess radikaler Individualisierung des Religiösen verbindet, die weit über die uns vertraute Privatisierung hinausgeht. Die fundamentalistischen Evangelikalen schmähen kirchliche Institutionen als »katholisch«, meiden klare konfessionelle Festlegungen, und ihr wörtliches Bibelverständnis ist durch keinerlei theologische Kritik getrübt; im Übrigen verstehen sie sich als lauter Einzelkunden am weltweiten Markt der »Religionswirtschaft«, was sie aber nicht daran hindert, in der Form gesinnungsethischer Wählerinitiativen politische Macht auszuüben.[20] Die Islamisten hingegen sehen sich als hochmotivierte Einzelkämpfer für die »Sache Gottes«, erkennen dabei in islamischer Tradition keine institutionellen, sondern nur persönliche Autoritäten an – z. B. die Osama bin Ladens und seiner Vasallen –, und sie passen im Übrigen ihre Gruppenstrukturen den jeweiligen taktischen Bedürfnissen an. Ob es sich bei diesen Erscheinungen wirklich um die Wiederkehr eines für vergangen Gehaltenen handelt – um erneutes Sprudeln der Intoleranz- und Gewaltquellen der monotheistischen Offenbarungsreligionen – oder nur um ein letztlich ohnmächtiges Nachflackern eines Feuers, das in der Moderne in Wahrheit schon erloschen ist, wird die Zukunft zeigen. Der Fundamentalismus als religiöser Protest gegen die Moderne ist selbst ein modernes Phänomen, gehört ihr an, und das lässt hoffen.

6. Zur politischen Theologie des Monotheismus

Für Micha Brumlik zum 60. Geburtstag

1. ›Politische Theologie‹

Die Rede von politischer Theologie macht misstrauisch: Handelt es sich dabei um das Geschäft politisierender Theologen oder umgekehrt um das, was bestimmte Politiker im Namen Gottes für richtig und geboten halten? In der westlichen Moderne stoßen Versuche, die Politik im Namen Gottes zu bevormunden, ebenso auf durchgängige Ablehnung wie der Anspruch, bestimmte politische Entscheidungen folgten nur dem Willen Gottes. Der moderne säkulare Verfassungsstaat hat ausdrücklich auf die Legitimationsressource ›Religion‹ verzichtet, und nur dadurch konnte er Religionsfreiheit gewähren.[1] Zugleich entließ er dadurch die Kirchen und Religionsgemeinschaften aus der babylonischen Gefangenschaft des politischen Systems, die in Deutschland erst 1918 endete – mit dem Gottesgnadentum und dem landeskirchlichen Junktim ›Thron und Altar‹, das seit der Reformation den deutschen Protestantismus geprägt hatte. Seitdem ist Religion »Privatsache«, was aber nur so viel heißt, dass der Staat als die öffentliche Macht in normativer Hinsicht an Glaubensdingen desinteressiert zu sein hat und sie den Bürgern freistellt.

Bemerkenswert ist, dass in unserem Land kurz nach der verspäteten Durchsetzung des säkularen Staatsprinzips durch die Weimarer Verfassung die Verknüpfung des gerade Entflochtenen wieder interessant wurde; 1922 eröffnete Carl Schmitt mit seiner berühmten Schrift[2] den modernen Diskurs über Politische Theologie, in dem es aber nicht um eine simple Restauration geht, sondern um die Frage nach den normativen Grundlagen von Staat und Recht, nachdem durch die Säkularisierung der politische

Gottesbezug entfallen war. Irritierend daran ist, dass Carl Schmitt auf der theoretischen Ebene dieser Situation sehr genau Rechnung trägt, und zwar durch die These: »Alle prägnanten Begriffe der modernen Staatslehre sind säkularisierte theologische Begriffe« (PT 51), was er nicht nur auf deren historische Herkunft, sondern auch auf ihre systematische Struktur bezieht; zum anderen aber reklamiert er für seine Konzeption affirmativ den Titel »Politische Theologie«, was ja nur auf eine säkularisierte Theologie, d. h. auf eine Theologie ohne Gott hinauslaufen konnte. Tatsächlich ist in seiner Schrift an keiner Stelle von Gott die Rede, sondern in vier Kapiteln nur von der Souveränität.

Was an dieser Theorie genuin theologisch sein könnte, ist wohl bis heute nicht wirklich geklärt worden, trotz aller Versuche, daran produktiv anzuknüpfen.[3] Carl Schmitt wollte nicht nur Rechts- und Staatsphilosoph sein, aber ohne jemals anzugeben, an welcher Stelle und mit welchen Mitteln er die Grenzen dieser profanen Disziplinen zu überschreiten gedachte. An keiner Stelle seiner zahlreichen Veröffentlichungen hat er den positiven Gehalt seiner Politischen Theologie jemals explizit gemacht, und dies gilt auch für die Spätschrift *Politische Theologie II. Die Legende von der Erledigung jeder politischen Theologie* (1970).[4] Hält man sich zunächst an die Programmschrift *Politische Theologie* (1922), so ist zur Erläuterung dieses Titels von »radikaler Begrifflichkeit« die Rede, »das heißt eine bis zum Metaphysischen und zum Theologischen weitergetriebenen Konsequenz«, und die sei die Voraussetzung der von ihm vorgeschlagenen »Soziologie juristischer Begriffe«: »Das metaphysische Bild, das sich ein bestimmtes Zeitalter von der Welt macht, hat dieselbe Struktur wie das, was ihr als Form ihrer politischen Organisation ohne weiteres einleuchtet.« Und bezogen auf das Leitthema seiner Politischen Theologie bedeutet dies: »Die Feststellung einer solchen Identität ist die Soziologie des Souveränitätsbegriffes« (PT 59 f.). Die so verstandene »Soziologie« hat somit das jeweilige Verhältnis von Politik und Theologie zum Gegenstand, scheint also ein historisches oder wissenssoziologisches Unternehmen zu sein, aber dabei will Carl Schmitt sich nicht bescheiden, denn er versteht sich ja primär als Theoretiker; er will politische Theologie nicht nur »beschreiben«, sondern auch »betreiben«, weil er davon überzeugt ist, dass eine rein rational-säkulare Grundlegung politischer Ordnung unmöglich sei (vgl. HH 20 f.). Da aber nicht einzusehen ist, wie eine Theorie, die sich explizit auf säkularisierte theologische Begriffe stützt, überhaupt noch als Theologie verstanden werden könne, wird Schmitts Werk heute allgemein in das Arsenal der »Klassiker« der politischen Philosophie des 20. Jahrhunderts eingeordnet.[5]

Versteht man hingegen unter ›Politischer Theologie‹ nurmehr »Konzeptionen einer Beziehung zwischen religiöser und politischer Ordnung« (HH 28), die sich in der Beobachterperspektive beschreiben und analysieren lassen, dann verbindet man damit keinen rechts- und staatstheoretischen Anspruch mehr. Das bleibt freilich interessant genug. Mit Jan Assmann kann man drei Formen der Grundbeziehung von Politik und Theologie unterscheiden: Repräsentation, Theokratie und Dualismus (ebd.). Diese Modelle finden sich ihm zufolge exemplifiziert im alten Ägypten, im antiken Judentum und im abendländischen Nebeneinander von Staat und Kirche. Die Repräsentationsstruktur ist »trinitarisch«, d.h. im alten Ägypten koinzidieren Politik und Religion, Herrschaft und Heil trotz ihrer strikten Unterscheidung in unterschiedliche Handlungssphären (Recht vs. Kult) in einem Dritten, der göttlichen Ordnung (Ma'at), und in diesem Sinne repräsentiert die politische Herrschaft durch den Pharao die Herrschaft Gottes, ohne mit ihr zusammenzufallen. Israel hingegen zeigt sich nach dem Exodus als politischer Körper, der auf der direkten Gottesherrschaft besteht, ohne vermittelnde Repräsentanten.[6] Diese prinzipielle Ablehnung des Königtums erbt sich dabei fort bis in die staatliche Phase, in der sich Könige als unvermeidlich erweisen, aber im Schrifttum stets als unter dem Verdikt von Propheten stehend dargestellt werden. Hinzuzufügen ist, dass auch der Islam seinem klassischen Selbstverständnis nach theokratisch verstanden werden muss, denn der Koran ist politische und religiöse Ordnung in einem. Der Dualismus von Herrschaft und Heil in der christlichen Tradition hingegen ist schon in Jesusworten angelegt, die zwischen Pflichten gegenüber Gott und dem Kaiser unterscheiden,[7] und auch Paulus bekräftigt dies, wenn er im Römerbrief zwar zur Untertänigkeit mahnt, ihr aber im Horizont der Naherwartung der Wiederkehr Christi keinerlei Heilsbedeutung beimisst. Wie sich religiöse und politische Sphäre, *civitas Dei* und *civitas terrena*, Papsttum und Kaiserherrschaft zueinander verhalten, hat das Abendland unablässig beschäftigt. Denn auch hier herrschte die «trinitarische« Überzeugung vor, dass beide Bereiche trotz ihrer Unterschiedlichkeit doch in einem Dritten gründeten, d. h. im Willen des einen Gottes, an den alle Beteiligten glaubten; die lutherische Zwei-Reiche-Lehre ist immerhin Theologie. Die neueren Debatten über die Zivilreligion und vor allem der Streit über den Gottesbezug in einer europäischen Verfassung, der inzwischen beigelegt ist, zeigen an, dass das einfache Nebeneinander von Politik und Religion auch nach einer nachhaltigen Säkularisierungsgeschichte offenbar nicht alle Nachdenklichen zufriedenzustellen vermag.[8]

2. Säkularisierung und Politisierung

Politische Theologie als Forschungsprogramm vermag plausibel zu machen, dass es »sinngesetzliche«[9] Zusammenhänge zwischen himmlischen und irdischen Ordnungen gibt – so zwischen dem Monotheismus und der Monarchie oder zwischen dem Polytheismus und der Aristokratie (vgl. HH 21). Dem kann man mit Hans Kelsen die Vermutung hinzufügen, dass das ideelle Gegenstück zur Demokratie die »relativistische Weltanschauung« sei (zit. nach Mehring 27; dazu auch PT 55), und genau dies hatte Platon vor Augen: die sophistische Kultur bloß subjektiver Meinungen, die im Politischen auf die Dominanz purer Macht hinausläuft. Ehe man an dieser Stelle Platon mit Popper zum Feind der »offenen

Gesellschaft« und zum Ahnherrn des Totalitarismus erhebt, sollte man sich daran erinnern, dass die athenische Demokratie keine Grundrechte kannte, d. h. das Mehrheitsprinzip, das ja in der Tat auf der Akkumulation individueller Stellungnahmen beruht, nicht rechtsstaatlich einzuschränken vermochte. Richtig an Kelsens These ist, dass der demokratische Rechtsstaat uns Meinungen zu haben gestattet und darauf sogar seine Legitimität gründet, aber eben nicht, ohne bestimmte Grundprinzipien dem bloßen Meinungsstreit zu entziehen.

Die so verstandene Politische Theologie wird freilich wesentlich interessanter, wenn man Carl Schmitt folgt und die theologischen Spuren untersucht, die die Säkularisierungsgeschichte in den »prägnanten Begriffen der modernen Staatslehre« (PT 49) hinterlassen hat. Man mag zugleich die Anregung Jan Assmanns aufnehmen und dem gegenläufigen Prozess nachgehen, d. h. der Theologisierung ursprünglich politischer Konzepte (HH 29). Man muss sich hier nicht entscheiden, denn beides ist fruchtbar, weil politische und theologische Denkformen offenbar gleichursprünglich sind. In der Prämoderne, im Abendland wie in allen anderen Hochkulturen, waren Religion und Politik stets aufeinander bezogen gewesen; die Theologie als die kulturelle Selbstverständigung über das Religiöse war immer auch eine politische Instanz, wie umgekehrt die politische Macht nie ganz auf theologische Absicherungen verzichten wollte. Auch die Grundlagen des modernen Rechts- und Verfassungsstaats, die Prinzipien der Menschenwürde und Menschenrechte, verweisen auf theologische Wurzeln, ohne freilich ihre normative Kraft noch aus ihnen zu beziehen. In diesem Zusammenhang liegt es nahe, den Stichwortgeber der Politischen Theologie selbst einmal beim Wort zu nehmen und zu fragen, um welche theologischen Konzepte es sich handelt, die in säkularisierter Form das Fundament seiner Staats- und Rechttheorie bilden: Welche theologische Erbschaft hat Carl Schmitt in seiner Schrift *Politische Theologie* angetreten? Meine These ist: Es handelt sich um die politische Theologie des mosaischen Monotheismus – also nicht des impliziten Monotheismus des alten Ägypten oder der griechischen Philosophie, sondern um die der jüdischen monotheistischen Offenbarungsreligion, wie sie sich nach langer Vorgeschichte im Pentateuch kodifiziert findet. Das ist freilich nicht genetisch gemeint, sondern nur phänomenologisch im Sinn eines Aufweises von Strukturanalogien, wobei die komplexen Fragen einer geschichtlichen Vermittlung auszuklammern sind.

3. Dezisionismus als politische Theologie

Der erste Satz seiner Politischen Theologie lautet bekanntlich:  »Souverän ist, wer über den Ausnahmezustand entscheidet« (PT 11). Die Entscheidung ist dabei »im eminenten Sinne zu verstehen«, denn es muss ja nicht nur darüber entschieden werden, was im Ausnahmezustand zu geschehen hat, sondern ob er überhaupt vorliegt. Beides kann nicht im Rahmen einer geltenden Rechtsordnung entschieden werden, denn sie kann nie mögliche Ausnahmen erfassen, sondern bestenfalls festlegen, wer über die Ausnahme entscheiden darf, und das ist dann, rechtlich gesehen, der Souverän. Carl Schmitts Kritik des Liberalismus und Rechtspositivismus fußt auf der These, dass diese Positionen das Ausgenommensein des Souveräns vom Rechtssystem, wenn er im eminenten Sinn entscheidet, zu negieren und damit »den Souverän in diesem Sinne zu beseitigen trachten« (PT 13), was ihnen aber nicht gelingen könne. Zugleich aber entfällt für ihn der traditionelle Rückgriff auf ein Naturrecht, das den Souverän zu binden vermöchte, und weil keine überpositiven Rechtsnormen existieren, ist seine »Entscheidung …, normativ betrachtet, aus einem Nichts geboren« (PT 42). Das jeweils geltende Rechtssystem kann bestenfalls festlegen, wer über den Ausnahmezustand entscheiden darf, aber diese Kompetenzfestlegung besagt nichts darüber, wie der Souverän zu entscheiden hat. »Der Ausnahmefall offenbart das Wesen der staatlichen Autorität am klarsten. Hier sondert sich die Entscheidung von der Rechtsnorm, und (um es paradox zu formulieren) die Autorität beweist, dass sie, um Recht zu schaffen, nicht Recht zu haben braucht« (PT 20). Diese an konkrete Personen oder Instanzen gebundene, aber den geltenden Legitimitätsrahmen transzendierende Entscheidungskompetenz als Grundlage einer Rechts- und Staatstheorie zu propagieren, ist die leitende Idee dessen, was seitdem ›Dezisionismus‹ heißt.

Eine sachbezogene Diskussion über den Dezisionismus war wegen der schuldhaften Verstrickungen Carl Schmitts in den Nationalsozialismus[10] lange unmöglich; seine Theorie galt als diskreditiert, wobei meist übersehen wurde, dass die Einsicht in die unvermeidlichen Entscheidungselemente des politischen Handelns nicht schon bedeutet, das dezisionistische Gespenst zu beschwören.[11] Diese Debatte tut hier nichts zur Sache. Die Suche aber nach säkularisierten theologischen Erbstücken in seiner Politischen Theologie hat Carl Schmitt selbst bereits angeregt. Er verweist darauf, dass in der Staatsphilosophie der Neuzeit, in der Jean Bodin zum ersten Mal den Entscheidungsbegriff in den der Souveränität hineingetragen habe (PT 14), die »Transzendenz des Souveräns gegenüber dem Staat« genau der »Transzendenz Gottes gegenüber der Welt« in der herrschenden Theologie entspricht (PT 63); hier erscheint Gott als der souveräne Gesetzgeber der natürlichen wie der normativen Weltordnung (vgl. auch PT 61). Der monotheistische Schöpfergott hat offenbar bei der Geburt des Dezisionismus Pate gestanden. Das kann freilich nur für den »Monotheos« gelten, der über den Ausnahmezustand entscheidet. Schmitts These, diesem Zustand entspreche in der Theologie das Wunder, ist ganz unzureichend (vgl. PT 49); tatsächlich kann in diesem Kontext damit nur das Nichts gemeint sein, aus dem durch göttliche Entscheidung alles geschaffen wurde: Der Dezisionismus beerbt hier die Theologie der *creatio ex nihilo*.

4. Creatio ex nihilo

Die aber ist das Kernstück der monotheistischen Offenbarungsreligion des mosaischen Israel, die Jan Assmann uns in quasi-
idealer Rekonstruktion als »sekundäre« oder »Gegenreligion« vor
Augen gestellt hat.[12] Sie konstituiert sich im Auszug aus Ägypten
und als radikaler Gegenzug zur dortigen geschlossenen, Herrschaft
und Heil umfassenden Welt. Das dadurch eingetretene normative
Vakuum ist der Ausnahmezustand, über den der souveräne Gott
entschieden hat, denn er tritt ein durch seine unerforschliche, weil
unbegründbare Erwählung Israels, von der schon in Mythen um
Abraham die Rede ist; deren reale Konsequenz ist der Ausbruch aus
dem Vertrauten und der Aufbruch ins unbekannte Neue. In diesem Leerraum der Ausnahme vom Vertrauten geschieht dann das
Weitere. Zu erinnern ist hier an die dezisionistische These, der zufolge die Entscheidung des Souveräns über den Ausnahmezustand
überhaupt erst die Bedingungen schafft, in denen Normen gelten
können: »Auch die Rechtsordnung, wie jede Ordnung, beruht auf
einer Entscheidung und nicht auf einer Norm ... In seiner absoluten Gestalt ist der Ausnahmezustand dann eingetreten, wenn
erst die Situation geschaffen werden muss, in der Rechtssätze gelten können ... Es gibt keine Norm, die auf ein Chaos anwendbar
wäre. Die Ordnung muss hergestellt sein, damit eine Rechtsordnung einen Sinn hat. Es muss eine normale Situation geschaffen
werden, und souverän ist derjenige, der definitiv darüber entscheidet, ob dieser normale Zustand wirklich herrscht.« (PT 16 und
19 f.) Dem Pentateuch zufolge ist es die souveräne Entscheidung
der göttlichen Erwählung, die eine in Ägypten versprengte und
versklavte ethnische Gruppe überhaupt erst zum Volk werden lässt;
zugleich entsteht nur durch diese Ordnungsleistung ein kollekti-
ves Subjekt, das sich unter der Leitung von Mose im Modus der
Selbstverpflichtung dafür entscheiden kann, mit Gott einen Bund
zu schließen und dadurch Platz zu schaffen für die Thora als der
alle Lebensbereiche umfassenden Gesetzgebung. Dieser *creatio ex*

nihilo eines eines neuen normativen Universums durch die souveräne Entscheidung Gottes fügt die jüdische Offenbarungstheologie später auch die Schöpfung des natürlichen Universums aus dem Nichts hinzu, und sie scheint auch dadurch die Grundthese des Dezisionismus antizipierend zu bestätigen: Es muss schon eine Weltordnung geschaffen sein, in der Menschen angetroffen werden können – später bestätigt nach der Sintflut –, damit die spezifische, durch Erwählung konstituierte politisch-religiöse Normativität des Judentums möglich wird. So ist es bereits biblisch begründet, dass in der jüdisch-christlichen Tradition kosmische und normative Gesetzgebung, Naturgesetz und Naturrecht, immer auf den einen souveränen Schöpfergott zurückgeführt wurden.

Man hat immer wieder den radikal-herrschaftskritischen Sinn der Sinai-Geschichte hervorgehoben, ihre antimonarchischen und vor allem antidespotischen Intentionen. Es sollte jetzt keine Macht mehr zwischen Gott und dem Volk Israel geben; die Repräsentation des Göttlichen durch den Pharao als dritter Instanz sollte einer unmittelbaren Beziehung weichen (vgl. HH 28 f., 47 und 260). Dieses Volk hat durch seinen Auszug den Legitimitätsanspruch der Herrschaft des Pharao zurückgewiesen; aber dabei kann es ja nicht nur um die Herrschaft eines anderen Pharao gehen, sondern um die Legitimität einer jeden Herrschaft vom Typ des Pharao, und deswegen ist die Anbetung des Goldenen Kalbs, mit der das Volk die Abwesenheit des Mose zu kompensieren versucht, ein Rückfall in ägyptische Repräsentation des Göttlichen – die Sünde schlechthin. Jetzt geht es um die direkte Herrschaft durch Gott selbst. Theokratie ist aber auch eine Herrschaftsform, und deswegen ist mit ihr das Legitimationsproblem nicht erledigt, sondern nur anders gestellt: Was macht die Theokratie zu einer Form legitimer Herrschaft? Um dies zu beantworten, kann die mosaische Offenbarung kein natürliches, in der jeweiligen Lebenswelt inkorporiertes Wissen von Gott voraussetzen, denn das hat Israel durch den Exodus hinter sich gelassen, und nur dadurch konnte es die Offenbarung empfangen. Die mosaische Einheit von Theologie und

Politik wird durch göttlichen Willen gestiftet; es geht ihr nichts vorher, keine lebensweltlichen Vertrautheiten, keine Traditionen und erst recht keine guten Gründe, sondern sie ist »normativ aus dem Nichts geboren«, denn ihre Quelle ist transzendent. Die Alternative ›Ägypten oder Israel‹ lautet somit: immanente versus transzendente Legitimation von Herrschaft. Da die Herrschaft eines Gott-Kaisers mit »ägyptischer«, d. h. immanenter Legitimität als Möglichkeit ausscheidet, bleibt nur die Herrschaft durch den transzendenten Gott, der nur durch seine Offenbarung präsent ist; durch sie allein und durch nichts anderes legitimiert sich seine Herrschaft. Transzendente Legitimation von Herrschaft ist somit nur möglich durch Selbstlegitimation der Offenbarung, und die ist die Crux einer jeden Offenbarungstheologie.

5. Offenbarung

Zunächst beruht die mosaische Theokratie auf dem, was hier als Offenbarung präsent ist. Das Medium dieser Präsenz ist akustisch, d. h. die Rede, und nicht das Optische, denn Gott ist unsichtbar.[13] Daraus folgt das Bilderverbot,[14] denn jede religiöse Faszination durch Sichtbares gerät hier notwendig in den Verdacht der Abgötterei. Das Geoffenbarte ist ferner nicht informativ; es enthält einen an ägyptischen Standards gemessenen »nichtssagendsten« Gottesnamen: »Ich bin, der ich sein werde«, und verweigert jede Art kosmologischer Welterklärung, denn das wäre ein Rückfall in den soeben verlassenen »Kosmotheismus« der ägyptischen Welt.[15] Die Offenbarungsrede ist Anrede, Zuwendung, Aufforderung und vor allem Verheißung, und der Bund ist das Ergebnis der Antwort Israels. Damit ist die kommunikative Ordnung geschaffen, in die hinein die normativen Weisungen des göttlichen Gesetzgebers ergehen können, und so konstituiert sich die mosaische Offenbarungsreligion als ein Monotheismus, dem lauter »normativ aus dem Nichts geborene« Entscheidungen zugrunde liegen: die Offenbarung, die Erwählung, die selbstverpflichtende Zustimmung Israels und schließlich die gesamte normative Lebensordnung der Thora, die das Judentum in einem sehr missverständlichen Sinn als »Gesetzesreligion« ausweist.

Sieht man nun auf die »Subjektseite« der Offenbarung, d. h. auf den Modus, in dem die Empfänger das Geoffenbarte aufzunehmen vermögen, so kann es sich dabei zunächst nur um unmittelbare Evidenzen handeln. In den zahlreichen Berufungsgeschichten der Bibel von Abraham über Mose, Samuel, die Propheten bis zu Paulus erscheint die unvorhergesehene Anrede in unbezweifelbarer Präsenz als die Urszene der Offenbarung – ebenso im Islam. Der in Evidenz präsente Offenbarungsinhalt aber ist durchweg normativ; er enthält keine Wahrheiten, die Wissen begründeten, sondern Richtigkeiten, die Gehorsam verlangen. Sich darauf einzulassen und vertrauensvoll das eigene Leben daran zu orientieren ist dasjenige, was die Bibel Glauben (*pístis*) nennt – also nicht gemäß unserem üblichen Glaubensbegriff eine bestimmte kognitive Überzeugung (*belief*), sondern eine praktische Grundhaltung (*faith*). Deswegen kann es sich bei der »Mosaischen Unterscheidung« nicht wirklich um die zwischen wahr und falsch, sondern zunächst nur um die zwischen richtig und falsch gehandelt haben.[16] Diese Differenz ist es, die bei Mose die zugleich religiöse wie politische Differenz zwischen dem Eigenen und dem Fremden oder zwischen »Freund und Feind« stiftet (vgl. HH 75); die anderen sind nicht einfach im Irrtum, sondern sie leben verkehrt. Die hellenisierte Offenbarungstheologie des Vatikans hingegen stellt den Wahrheitscharakter des Offenbarten in den Mittelpunkt; sie versteht es als zusätzliche, das natürliche Wissen übersteigende und ergänzende Information[17] und läuft dadurch Gefahr, das spezifisch Jüdische des biblischen Erbes zu verfehlen und auszuschließen.

6. Legitimität

»*Autoritas non veritas facit legem*« – dieser berühmte Satz von Thomas Hobbes,[18] den Carl Schmitt gern zitierte, kann somit selbst als ein säkularisiertes Stück jüdischer Politischer Theologie gelten. Die Frage ist nur: Wodurch legitimiert sich im Pentateuch diese Autorität? Es kann sich ja nur um transzendente Legitimität handeln, denn es existiert ja keine vorgängige Weltverfassung, die in irgendeinem Paragraphen den sich Offenbarenden zu seinen Entscheidungen autorisierte. Hinzu kommt, dass der unsichtbare Gott sich nicht selbst als der sich Offenbarende präsentieren kann, sondern dies Mose überlassen muss. Wenn es zutrifft, dass das ägyptische Modell der Repräsentation des Göttlichen im Irdischen »Gottesferne« impliziert, muss Mose als »Präsentant« der Gottesnähe auftreten, denn nur so kann im Offenbarungsgeschehen von »Unmittelbarkeit« die Rede sein.[19] Das Deuteronomium lässt Mose sagen: »Er hat von Angesicht zu Angesicht mit euch aus dem Feuer auf dem Berge geredet. Ich stand zu derselben Zeit zwischen dem Herrn und euch, dass ich euch ansagte des Herrn Wort; denn ihr fürchtet euch vor dem Feuer und ginget nicht auf den Berg.« (Dtn 5, 4 f.) Es wird dann berichtet, das Volk habe zwar Gottes Stimme gehört, sich aber davor gefürchtet, sie anzuhören, und dies darum Mose zugemutet (vgl. Dtn 5, 19 ff.). Zugleich vollzieht sich dabei ein Medienwechsel, denn Mose überbringt das akustisch Geoffenbarte dem Volk zunächst in schriftlicher Form, d. h. den Dekalog, von Gott auf zwei steinerne Tafeln geschrieben (Exodus 31, 18; Dtn 5, 19). Dann steht er weiterhin Gott als Überbringer seiner normativen Botschaften zur Verfügung (Dtn 5, 27 f.), und zwar nicht im Sinn einer Repräsentation des Geoffenbarten im Modus des »Er hat das und das geboten«, sondern in der unmittelbaren Präsenz des »Ich bin der Herr, dein Gott«, der dir all das gebietet. Die Verschriftlichung des auf diese Weise Gebotenen verschaffte dann dem Aufgeschriebenen die normative Autorität, die das Judentum wie später den Islam zu einer Schriftreligion werden ließ.

In der mosaischen Offenbarungsreligion wie im Islam hängt die Autorität des Geoffenbarten von der des »Präsentanten« der Offenbarung ab, und die muss, da andere Quellen der Legitimität nicht zur Verfügung stehen, selbst mit geoffenbart sein; dann erst kann von Selbstlegitimation der Offenbarung die Rede sein. Dass der bloße Bezug auf rein subjektive und deswegen unbestreitbare Evidenzerlebnisse unzureichend ist, haben die Autoren der biblischen Texte offenbar selbst gesehen; skeptischen Gemütern drängt sich an dieser Stelle der Betrugsverdacht geradezu auf,[20] und der hat auch einen logischen Grund: Evidenzen – z. B. Sinneswahrnehmungen – existieren oder existieren nicht, und solange sie erlebt werden, macht es keinen Sinn, sie zu bezweifeln. Sobald aber von ihnen zu berichten ist, um sie intersubjektiv zugänglich zu machen, muss von bloßen Erlebnissen zu Urteilen übergegangen werden – also von Wahrnehmungen zu Wahrnehmungsurteilen –, und erst dadurch kommt die Differenz zwischen wahr und falsch ins Spiel, während Evidentes nur erlebt oder nicht erlebt werden kann. Dieser Unterschied aber ist das Einfallstor des Zweifels, dem die Bibel selbst schon entgegenzutreten versucht: durch zusätzliche Beglaubigungen. Bei der Urszene am Sinai ist hier von der überwältigenden Evidenz des Feuers und der gewaltigen Stimme die Rede, die aus dem Feuer kommt; das Volk kann gar nicht anders, als sie als die Stimme Gottes zu identifizieren: »Siehe, der Herr, unser Gott, hat uns lassen sehen seine Herrlichkeit und seine Majestät; und wir haben seine Stimme aus dem Feuer gehört. Heutigentages haben wir gesehen, dass Gott mit Menschen redet und sie lebendig bleiben.« (Dtn 5, 21) Die Autorität des Mose, dem alles Weitere überlassen bleibt, soll durch diesen Kontext gesichert sein. Mose kann auch deswegen als glaubwürdiger »Präsentant« der Offenbarung gelten, weil das Volk ständig an die befreiende Erfahrung des Exodus erinnert wird, die nur durch Mose möglich wurde; auch in diesen Erzählungen ist immer wieder von unbezweifelbar evidenten Phänomen der unmittelbaren Gottesnähe die Rede – vor allem von Wundern.

In der Bibel gilt mit Mose die Offenbarung als abgeschlossen, aber das Problem der Selbstlegitimation der Theokratie bleibt auch nach Mose bestehen; während Josua noch durch ihn selbst durch Handauflegen als Nachfolger eingesetzt wird (Dtn 34, 9), ist für die spätere Folgezeit von »Erweckung« von Richtern durch den »Engel des Herrn« und immer wieder von den schon erwähnten Berufungsgeschichten die Rede. Keiner der Richter und späteren Könige aber kann mehr beanspruchen, wie Mose die Souveränität Gottes unmittelbar zu präsentieren; politische Entscheidungsgewalt steht immer unter dem Vorbehalt, dass Gott sie gewähren lässt. Das deuteronomistische Geschichtswerk[21] berichtet in zahlreichen Varianten, wie der souveräne Gott sich einschaltet, wenn Israel die Verpflichtungen des Bundes verletzt. Das antike Judentum hat aber die Idee der Theokratie niemals ganz aufgegeben und ist deswegen auch nie zum ägyptischen Repräsentationsmodell zurückgekehrt; immer erscheint die politische Souveränität als abkünftig von der göttlichen, woran die Propheten stets erneut erinnern und was sie zu immer erneuter Herrschaftskritik berechtigt.[22] Die unmittelbare und uneingeschränkte Herrschaft Gottes wird durch die späteren prophetischen Verheißungen des Deuterojesaja und Daniels in die Zukunft projiziert und erst dort erwartet. In beidem ist das Christentum seiner jüdischen Herkunft gefolgt. Wenn nach Römer 13 »keine Obrigkeit ohne von Gott« ist, mag dies die Obrigkeit daran erinnern, dass ihre Macht unter göttlichem Vorbehalt steht und ihr somit auch entzogen werden kann; die Hoffnung auf die Wiederkunft Christi meint nicht nur das Jüngste Gericht, sondern die vollendete Theokratie.[23]

7. Rechtstheoretischer Nihilismus

Wenn es zutrifft, dass Carl Schmitts Politische Theologie dadurch als Säkularisierung des mosaischen Offenbarungsmonotheismus gelten kann, dass sie in ihrem Rahmen deren Grundstrukturen reproduziert, dann entsteht ein höchst ironisches Bild: Der bekennende Antisemit Schmitt[24] hätte dann in seiner Theorie ausgerechnet das politisch-theologische Erbe der Tradition angetreten, dem sein Hass und seine Verachtung galten – die des Judentums in seiner in der Thora dargestellten Urform. Damit hätte er aber auch das Problem der Selbstlegitimation der Offenbarung geerbt, das hier als das einer Selbstlegitimation von Herrschaft durch bloße Dezision wiederkehrt und sich als unmöglich erweist; seine Souveränitätslehre scheitert als Rechtslehre im herkömmlichen Sinn. Wenn die Weimarer Verfassung dem Reichspräsidenten die Kompetenz zuweist, über den Ausnahmezustand zu entscheiden, dann handelt es sich Carl Schmitt zufolge, wenn man von der hier vorgesehenen parlamentarischen Kontrolle absieht, um den Ausnahmezustand ebendieser Verfassung, und der Reichspräsident wäre dann souverän im vollen Wortsinn (vgl. PT 19 f.).[25] Die in jeder Verfassungsordnung komplexe Verknüpfung von Legitimität und Legalität wäre damit als Ganze außer Kraft gesetzt; zum Ausnahmezustand gehört nach Schmitt »eine prinzipiell unbegrenzte Befugnis, das heißt die Suspendierung der gesamten bestehenden Ordnung. Ist dieser Zustand eingetreten, so ist klar, dass der Staat bestehen bleibt, während das Recht zurücktritt.« (PT 18) So kann er dann auch behaupten, der souveräne Reichspräsident sei der »Hüter der Verfassung«,[26] wobei er mit ›Verfassung‹ gerade nicht die Rechtsordnung meint. Tatsächlich entsteht in dieser Konstruktion ein rechtsfreier Raum, in dem auch ein anderer Souverän auftreten kann – der durch Notverordnung ernannte Reichskanzler Adolf Hitler, der ohne formalen Verfassungsbruch durch die Annahme des Ermächtigungsgesetzes im Reichstag die parlamentarische Kontrolle auszuschalten und eine unumschränkte Führerdiktatur zu errichten vermochte. Carl Schmitts Option für den Nationalsozialismus war somit kein Zufall, sondern folgte nur der Logik seines Dezisionismus.[27] Den versuchte er gleichwohl als Rechtslehre dadurch zu retten, dass er den Begriff des Nomos einführte, womit das die Differenz zwischen Legitimität und Legalität Umfassende und Begründende gemeint ist – die präjuridische Ordnung, die angeblich Rechtsetzungen allererst ermöglicht. So schrieb er schon 1933 dem Nationalsozialismus eine solche neue souveräne und fundamentale Ordnungsleistung zu, die überhaupt erst den vollen Sinn des Rechtsbegriffs realisiere und den NS-Staat damit als Rechtsstaat ausweise; dem zufolge sei der Wille des Führers »der Nomos des deutschen Volkes«. Die Absurdität dieser These musste Carl Schmitt später selbst einräumen, denn tatsächlich hatte sich dieser Nomos zunehmend in chaotische und apokryphe Führerbefehle aufgelöst, ohne irgendeine erkennbare Rechtsform.[28]

So erweist sich Carl Schmitts Politische Theologie als eine Theorie, die letztlich die Frage nach der Legitimität zurückweist, statt sie zu beantworten, denn die Souveränität als die erste oder letzte Quelle von Legitimität überhaupt kann nicht mehr selbst daraufhin befragt werden. Der Dezisionismus als Rechtslehre ist argumentativ bodenlos, und daran ändert sich auch dadurch nichts, dass im Nachhinein eine dubiose Nomos-Lehre nachgeschoben wird, die einer naturalistischen Naturrechtsauffassung allzu ähnlich sieht. Die Legitimität des Souveräns, dessen Entscheidungen »normativ gesehen, aus einem Nichts geboren« sind, könnte nur dessen eigene Entscheidung und damit ebenfalls aus einem normativen Nichts geboren sein, aber dies liefe auf die Zerstörung des Begriffs der Legitimation hinaus, der immer eine von dem zu Legitimierenden unabhängige Legitimitätsquelle voraussetzt. Diese Aporie reproduziert genau die Unmöglichkeit, die Offenbarungsreligion ohne alle natürlich-theologischen Vorgaben rational zu begründen: Die sich selbst legitimierende Entscheidung und die sich selbst beglaubigende Offenbarung entsprechen einander genau. So erweist sich der Dezisionismus selbst letztlich als Glaubenssache[29] und zumindest in diesem Sinn als Politische Theologie, und wenn er das nicht sein will, bleibt nur die Alternative des rechtstheoretischen Nihilismus, d. h. der Beschwörung des normativen Nichts, aus dem angeblich alles Normative letztlich geboren werde.[30]

115

8. Souveränitätstheoretische Gewaltenteilung

Die Faszination, die auch heute noch für viele vom Werk Carl Schmitts ausgeht, ist das Resultat nicht nur seiner intellektuellen Brillanz, sondern auch der geradezu rücksichtslosen Konsequenz, mit der er den ursprünglich theologischen Souveränitätsgedanken zu Ende denkt. Alle Versuche, die Souveränität abzuschwächen, zu teilen oder gar ganz in einer normativen Ordnung verschwinden zu lassen, erscheinen bei ihm als Symptome liberalen Verfalls des modernen Rechtsdenkens (vgl. PT 29 ff.). Nur Thomas Hobbes findet vor diesen Augen Gnade,[31] denn der hatte in der Tat auf der Schrankenlosigkeit und Unteilbarkeit des Souveräns bestanden, sie aber immanent zu legitimieren gesucht – durch den sie konstituierenden Herrschafts- und Unterwerfungsvertrag aller Individuen; so ist hier der Souverän als »künstlicher Mensch« ein »sterblicher Gott«.[32] Eine solche abkünftige Souveränität aber ist dem Dezisionisten Schmitt noch viel zu liberal, denn sie fußt ja auf der souveränitätsfeindlichen Vertragsidee. Tatsächlich stellt sich seine Politische Theologie gegen das gesamte theologisch-politische Denken unserer europäischen Tradition, die als die Geschichte eines langen Abschieds vom Modell einer unumschränkten und ungeteilten Souveränität im politischen Feld beschrieben werden kann.

Schon das nachmosaische Judentum kannte nur noch eine eingeschränkte, weil abkünftige Souveränität der Richter und Könige und reservierte die ganze Souveränität für Gott. Tatsächlich aber lief dies auf eine Teilung der Souveränität hinaus, denn in dem Maße, in dem der alttestamentarische Gott sich aus dem politischen Tagesgeschäft zurückzog und zunächst die im Sinne Max Webers charismatische Herrschaft der Richter und schließlich die traditionale Königsherrschaft zuließ, entstanden Freiräume für die Könige, die sie zu Wohl und Wehe des Volkes Israel nutzen konnten, worüber aber letztlich der souveräne Gott entschied. Die Ambivalenz von Römer 13 ist bereits hier angelegt, denn dass alle Obrigkeit »von Gott ist«, kann man auch als eine Drohung gegen obrigkeitlichen Missbrauch verstehen und damit als einen Grund zur Hoffnung für die Unterdrückten. Das Christentum hatte diese oberste Gewaltenteilung schon vom Judentum geerbt und erwies sich dadurch als erstaunlich resistent gegen alle theokratischen Versuchungen. Ein weiterer wichtiger Grund dafür ist das Trinitätsdogma, das der Idee einer göttlichen Monarchie und damit einem politischen Monotheismus Widerstand entgegensetzt.[33] Die dualistische politische Philosophie des Augustinus mit ihren beiden *civitates* und später die lutherische Zwei-Reiche-Lehre bezeugen exemplarisch die theologischen Versuche, der weltlichen Gewalt ihr Eigenrecht zuzugestehen und sie doch zugleich unter den göttlichen Vorbehalt zu stellen; das bedeutete aber zugleich auch die Zurückweisung einer unumschränkten Herrschaft von Papst und Kirche.

Auch innertheologisch wurde im Christentum die radikale Souveränitätslehre des antiken Judentums erheblich abgeschwächt – durch seine Hellenisierung, die bereits im 2. vorchristlichen Jahrhundert vor allem Philo von Alexandrien einsetzt. So kann Papst Benedikt XVI. immer wieder auf die johanneische Logos-Lehre verweisen, die ihm zufolge die Vorstellung eines souveränen, an keine vorgängige Normativität gebundenen göttlichen Willens ausschließt. Das voluntaristische Gottesverständnis, von dem er nicht nur den Islam, sondern implizit auch das Judentum und den Protestantismus bestimmt sieht, wird hier als irrationalistisch zurückgewiesen, denn in Gottes Wesen dominiere die Vernunft seinen Willen.[34] Erstaunlich ist dies, weil uns jenes Gottesbild nicht nur im Alten Testament, sondern bei Paulus, Augustinus und in der spätmittelalterlichen Scholastik drastisch entgegentritt. In diesem Traditionsstrang besteht die Theologie auf der bedingungslosen Souveränität Gottes, und die besteht darin, dass niemand befugt ist, ihn nach seinen Gründen für die Weltschöpfung, die Erwählung Israels oder der Prädestination aller Menschen zum Heil oder zur Verdammnis zu fragen: »Ja, lieber Mensch, wer bist du denn, dass du mit Gott rechten willst?«[35] Sich solcher Lehren zu entledigen folgt dem päpstlichen Interesse, im Sinn des Thomas von Aquin das wahre Christentum als Harmonie von Glauben und Vernunft zu präsentieren, ja dafür sogar den Anspruch durchzusetzen, im Unterschied zum profanen Denken die wahre Aufklärung zu verkörpern. Dieser Lehre zufolge folgt Gott, der sich als der Logos offenbart hat, in all seinen Entscheidungen der göttlichen Vernunft. Seine Entscheidungen sind somit normativ nicht »aus dem Nichts geboren«, sondern verwirklichen so, wie der Demiurg im platonischen *Timaios* sich bei der Weltschöpfung an der Idee des Guten orientiert, eine vorgängige Normativität. Weil uns dieser Gott als Wesen geschaffen hat, die an der göttlichen Vernunft teilhaben können, ist Gott für uns nicht unerforschlich, und deswegen kann es auch eine natürliche, nicht auf Offenbarung allein angewiesene Theologie geben. Diese strategische Rehellenisierung des Christentums bedeutet somit dessen Entjudaisierung im Sinn eines unklaren Kompromisses zwischen Ägypten und Jerusalem, natürlicher und geoffenbarter Theologie. Gegen diese Mediatisierung der Souveränität des sich offenbarenden Gottes hat im letzten Jahrhundert vor allem die dialektische Theologie Karl Barths protestiert; ihr erbitterter Widerstand gegen die liberale Theologie und damit gegen alle Reste natürlicher Religion brachte sie in bemerkenswerte strukturelle Nähe zur politischen Theologie Carl Schmitts mit ihrer antiliberalen Frontstellung. Hier wird auch deutlich, wie »protestantisch« diese sich doch selbst als katholisch verstehende Politische Theologie tatsächlich war.[36]

In der Tat setzt die katholische Offenbarungstheologie die natürliche Theologie voraus und versteht sich als deren Ergänzung und Erfüllung. Auf diese Weise löst sie auch das Problem der Selbstlegitimation der Offenbarung; so vergleicht Thomas von Aquin sie mit einem Brief, dessen Siegel die Glaubwürdigkeit des Absenders verbürgt,[37] was also ein Vorwissen von der Güte und Wahrhaftigkeit Gottes voraussetzt. Wichtiger aber ist, dass die durch die Hellenisierung ermöglichte natürliche Theologie auch Freiräume schafft für das rationale Naturrecht, wie es die Stoa ausgebildet hatte; damit wurde eine von aller Theologie unabhängige Legitimationsquelle für die politische Herrschaft freigelegt, die die Enttheologisierung der Politik und die Entpolitisierung der Theologie kräftig vorantreiben sollte. Der Deismus erwies sich schließlich als die Theologie, die dem Prinzip der profanen Souveränität eine erste Chance gab, denn wenn der souveräne Gesetzgeber der physischen und normativen Weltordnung den Alltag sich selbst überlassen hat und hier mit transzendenten Eingriffen nicht mehr zu rechnen ist, müssen innerweltliche Instanzen die Aufgaben des Souveräns übernehmen.[38] Wenn somit jegliche transzendente Herrschaftslegitimation weggefallen ist und es sich nicht um reine Gewaltherrschaft handeln soll, bleibt nur eine immanente Legitimationsquelle übrig, und das ist die Zustimmung der an der Herrschaft Beteiligten und von ihr Betroffenen; so ist der Deismus die politische Theologie der neuzeitlichen Vertragstheorien, die genau dies versuchten und Platz schafften für die Idee der Volkssouveränität, die zu den Selbstverständlichkeiten des modernen Verfassungsrechts gehört.

Die Tradition der Vertragstheorien reicht freilich weit ins Mittelalter, ja sogar bis auf Epikur zurück.[39] Die Wahlkapitulationen der deutschen Könige oder die englische *Magna Charta* sind Beispiele für die wachsende Tendenz, die Rechtsform des Vertrags zur Grundlage der Herrschaftslegitimation zu machen und damit zumindest teilweise vom Typus der traditionalen Herrschaft kraft Herkommen und Geburt zu der der legalen Herrschaft kraft Satzung überzugehen. Verstärkt wurde dies durch den Vorgang, den Hauke Brunkhorst die »Internalisierung der Transzendenz«[40] genannt hat, d. h. die Verrechtlichung der Beziehungen von weltlicher und geistlicher Gewalt in Europa seit dem 11. Jahrhundert, die die lange Reihe europäischer Verfassungsrevolutionen bis ins 20. Jahrhundert einleiten sollte. Der Zerfall des mittelalterlichen Imperiums durch die Reformation bedeutete zunächst die rechtlich Autonomisierung souveräner Einzelstaaten, die die Form absolutistischer Herrschaft allererst möglich machte. Die englische und die Französische Revolution aber bewirkten auch hier den Zerfall ungeteilter Souveränität – durch Verfassungen, in denen Gewaltenteilung und Grundrechte verankert sind. So verteilt auch das deutsche Grundgesetz die verschiedenen Souveränitätsrechte an den Bundespräsidenten, an den Bundestag, an die Bundesländer und an das Bundesverfassungsgericht, und selbst der eigentliche Souverän, das Wahlvolk, ist hier nicht so souverän, dass es ihm rechtlich möglich wäre, die §§ 1–21 GG per Abstimmung außer Kraft zu setzen. Die Entscheidung über den Ausnahmezustand bleibt zudem prozedural und in der Reichweite auf das beschränkt, was an den erbitterten Kämpfen der 1960er und 1970er Jahre von den damals geplanten Notstandsgesetzen übriggeblieben ist. Gegen Carl Schmitt ist festzuhalten: Nur geteilte Souveränität unter Ausschluss aller theologischen Reminiszenzen ermöglicht eine Verfassung der Freiheit. Die Befürchtung, die schon Thomas Hobbes hegte, Gewaltenteilung bedeute nur einen auf Dauer gestellten Bürgerkrieg, und die ihn dazu brachte, eine ungeteilte Souveränität vertragstheoretisch zu rekonstruieren, ist offenbar ein Preis der Freiheit, und wenn man schon auf diese Furcht nicht verzichten will, sollte man sich lieber vor den Implikationen der politischen Theologie des Dezisionismus fürchten. Die rechtsstaatlich gehegte Demokratie kann überhaupt auf Politische Theologie verzichten; wir müssen auch im politischen Bereich mit der Profanität leben.

7. Wo ist Gott?

»Wo ist Gott?«, fragt nur, wer weiß oder glaubt, dass es ihn gibt, denn nur was es gibt, kann irgendwo sein. Wir können nicht wissen, ob es Gott gibt, wenn ›Wissen‹ bedeutet, eine wahre Überzeugung zu haben, die sich begründen lässt; es könnte wahr sein, dass es ihn gibt, aber man kann es nicht beweisen und deswegen auch nicht wissen.

Können wir es glauben? Dann hätten wir nur eine Überzeugung ohne Wahrheitsbeweis, und die meisten unserer Überzeugungen sind von dieser Art; wir halten sie für glaubwürdig, nehmen sie so, als ob sie wahr wären, und verlassen uns auf sie. Wird dieses Zutrauen erschüttert, dann beginnen der Zweifel und die Suche nach Gründen, die für oder gegen die Wahrheit unserer Überzeugungen sprechen. Man kann aber auch versuchen, sich erneut der Glaubwürdigkeit der Quellen zu versichern, aus denen wir einmal unsere Überzeugungen bezogen haben. Gerade in der modernen Mediengesellschaft bleibt uns meist gar nichts anderes übrig, als diesen Weg zu gehen; da wir Gottes Existenz nicht beweisen können, müssten wir ihn auch hier einschlagen.

Was wäre eine glaubwürdige Quelle für die Überzeugung, dass es Gott gibt? Mein Katechismus behauptete, man könne sein Wirken in der Natur und in der Geschichte erkennen, aber wem ist das schon möglich? Georg Soltí sagte in einem Interview, seine Gottesbeweise seien Mozart und das erste Lächeln seiner Kinder. Andere haben das, was sie Gott nennen, erfahren in der Liebe anderer Menschen. Das Christentum verweist uns auf die Bibel und darin an den Menschen Jesus, an dem Gott »offenbar« wurde; die Schwierigkeit ist nur, dass sich diese Botschaft ursprünglich an die

Juden richtete, die ihren Gottesglauben schon mitbrachten, und an »Heiden«, denen man die Existenz von Göttern nicht erst an-demonstrieren musste. In der säkularen Welt, die nicht mehr mit Gott rechnet, ist die Heilige Schrift Weltliteratur, sonst nichts; sie wird zur Quelle des Glaubens nur dort, wo schon geglaubt wird.

Wo geglaubt wird, ist nicht unwichtig, was da geglaubt wird. Das bloße Dass der Existenz Gottes enthält wenig Informationen, solange man nichts weiter von ihm weiß, und deswegen kann man dann auch nicht wissen, wo er ist. Ist es glaubwürdig, dass er die Welt geschaffen hat? Dass er aus Liebe Mensch geworden und am Kreuz gestorben und auferstanden ist? Dass er allmächtig, gerecht, aber auch barmherzig ist? Oder ist er wirklich der Gott der »Gotteskrieger« einst und jetzt, der Vollstrecker von »Gottes-gerichten«, der Waffensegner und Gottlosenvernichter? Was wir hier für glaubwürdig halten, hängt von uns ab, d. h. von unserer Vorstellung von dem Gott, dem zu vertrauen und zu folgen wir bereit wären. Angesichts des drohenden Krieges der Kulturen, der außerhalb der westlichen Welt primär als Krieg der Weltreligionen geführt werden dürfte, wäre vielleicht auch zu empfehlen, Gott ganz aus dem Verkehr zu ziehen und allerseits auf einen »obersten Kriegsherren« zu verzichten, der »alles so herrlich regieret«. Aber nicht nur, weil das nicht zu erwarten ist, sondern auch wegen des dann fälligen Verzichts der Hoffnung auf den Gott der Liebe emp-fiehlt sich ein dritter Weg zwischen Gottesglauben und Atheismus hindurch: Wir sollten so leben, dass wir die Existenz eines gerech-ten und gütigen Gottes durch unser Tun glaubwürdig machen und erhalten, und im Übrigen diese Frage auf sich beruhen lassen; von einer Antwort hängt dann nichts weiter ab.

8. Jenseits des Christentums

Wir sind *tatsächlich* Heiden; als Beleg genügt die Tatsache, dass wir offenbar an das Christentum erinnert werden müssen. Wir sind so heidnisch, dass wir meist nicht einmal wissen, dass wir Heiden sind und warum, und dies, weil wir vergessen haben, was Christsein einmal bedeutete und überhaupt bedeuten könnte. In der gelebten Religion ist das Geglaubte lebendige Realität; religiöser Glaube im Perfekt ist Unglaube. Da sitzt Gott »im Regiment« und Jesus zur »Rechten Gottes«, und sie saßen nicht nur dort – »damals, als die Seele noch unsterblich war« (Lichtenberg). In der Eucharistie ist Christus in Brot und Wein leibhaftig anwesend, und das Abendmahl ist kein bloßes Gemeindefrühstück wie mancherorts, bei dem man dann auch an etwas Gewesenes denkt.

Unsere Gegenwart sieht so aus: Die Bitte um das tägliche Brot, wenn es uns fehlt, richten wir heute nicht an den Vater im Himmel, sondern an den Sozialstaat. Statt um Regen zu beten, schaltet der Landwirt die *Tagesschau* mit Wetterkarte ein und wendet sich bei anhaltender Trockenheit an Brüssel um Subventionen. Bei Krankheiten sind Wunder vielleicht unsere letzte Hoffnung, aber die »geschehen immer wieder«, und so verlassen wir uns lieber nicht auf die frommen Wunderheiler, sondern auf die Schulmedizin. Was wir leben, nannte Ludwig Feuerbach praktischen Atheismus. Der wird aber nicht mehr begleitet von religiöser Symbolik und Rhetorik wie im 19. Jahrhundert, denn er ist so praktisch geworden, dass ›Atheismus‹ selbst schon nicht einmal mehr ein Thema ist; dass die Staatsmarxisten ihn zur Staatsreligion erhoben, hat ihm wohl endgültig den Rest gegeben. So ist unsere Kultur nicht nur postchristlich, sondern auch postatheistisch.

Gleichwohl wird jetzt wieder unablässig ans Christentum erinnert – aus Furcht, es könnte etwas verlorengehen und fehlen, wenn dies nicht geschieht. Dabei ist der Ausdruck ›Christentum‹ selbst verräterisch: »Freue, freue dich, o Christen*tum* …«? Das wäre ein merkwürdiges Weihnachtslied. Das Beispiel zeigt: Im Unterschied zu ›Christenheit‹ hat ›Christentum‹ eine distanzierende Bedeutung; das Wort funktioniert beinahe wie ein kulturwissenschaftlicher oder sogar ethnologischer Terminus, mit dem man eine Lebensform in die Perspektive eines neutralen Beobachters rückt. Und so ist diese Redeweise auch entstanden – in einer kulturellen Situation nach der Aufklärung, in der die christlichen Mächte ihre prägende Kraft einzubüßen begannen. Christentum – das ist die Christenheit als Phänomen. Aber niemand erinnert an die Christenheit, die nur noch als Minderheit unter uns existiert, sondern an das Christentum, und das heißt an ein historisches Phänomen. Historisierung aber bedeutet Distanzierung, und die setzen genau diejenigen schon voraus, die mit ›Christentum‹ etwas Vergangenes erinnernd vergegenwärtigen möchten.

Diese Erinnerung ist aber sehr lückenhaft. Da ist immer wieder die Rede von den christlichen Wurzeln unserer »Werte« und normativen Kultur. Dabei wäre zunächst einmal von unserem jüdischen Erbe zu reden, das man nicht bloß deswegen ohne weiteres christlich vereinnahmen kann, weil das Alte Testament auch zur Bibel der Christen gehört. Dass die Menschenwürde darin gründet, dass der Mensch nach dem Ebenbild Gottes geschaffen sei, hat das Judentum gelehrt, aber das Christentum hat dies relativiert und korrumpiert durch die furchtbare Lehre von der Erbsünde, die dem natürlichen Menschen genau jene Würde nur dann uneingeschränkt zuspricht, wenn er sich taufen lässt und Christ wird.

Wer wie Derrida meint, man müsse die Idee der Menschenwürde gegen den Islam verteidigen, sollte im Koran Sure 2, 30 ff. aufschlagen: Da wird der Mensch als Statthalter Gottes auf Erden eingesetzt, und die Engel werden aufgefordert, vor Adam niederzufallen; der einzige Engel, der sich weigert, ist von da an Iblis, der islamische Teufel. Auch Freiheit und Selbstbestimmung sind zumindest im religiösen Sinne beim Islam nicht schlecht aufgehoben, denn zumindest in seiner sunnitischen Tradition hat er keine Hierarchie ausgebildet, die sich wie im Katholizismus als Vermittlungsinstanz zwischen Allah und den Gläubigen schieben könnte; auch dies ist ein jüdisches Erbe, das Mohammed aufnahm und die Christen verschmähten. Das Gebot der Gottes- und Nächstenliebe ist ebenfalls jüdisch, und der radikale Jude Jesus erinnert nur an die Thora, wenn er lehrt: »In diesen zwei Geboten hanget das ganze Gesetz und die Propheten« (Matth. 22, 37 ff.).

Das Judentum ist ethnozentrisch – die Religion des »auserwählten Volkes«. Die Wendung zum Universalismus gilt deswegen als christliche Besonderheit, und sie war in der Tat das Werk von Paulus gewesen, der dies im erbitterten Streit gegen Petrus und die judenchristliche Fraktion durchsetzen musste. Die Idee der Gleichheit aller Menschen ist aber viel älter als Paulus, der mit ihr die Heidenmission verteidigt; sie ist bereits in der Sophistik vertreten worden in Gestalt der These, dass die Differenz zwischen Freien und Sklaven Menschenwerk sei und es dafür keine »natürliche« Rechtfertigung gebe. Aristoteles vertrat ein Jahrhundert später hier eine Minderheitsmeinung.

Die sophistische Aufklärung und der Kynismus mit seiner Verachtung aller menschlichen Satzungen, die Ungleichheit begründen sollten, münden in die Stoa, die als die wirkmächtigste Popularphilosophie der Spätantike den Gedanken der *humanitas* in die Welt bringt; dass sie damit auch der ideologischen Rechtfertigung des Universalitätsanspruchs des Römischen Reiches diente, tut diesem Verdienst keinen Abbruch. Paulus kannte die Stoa, denn er zitiert bei seiner Predigt auf dem Areopag in Athen den Hymnus des Kleanthes zustimmend, und zwar genau die universalistische Stelle, der zufolge wir Menschen alle »göttlichen Geschlechts« sind (Acta 17, 28 f.).

Die Präsenz der Stoa bei den Kirchenvätern ist ganz unübersehbar, denn sie setzten sich ja die Aufgabe, das Christentum als die allen überlegene Philosophie zu erweisen, und das war ohne Anleihen beim Gegenüber nicht möglich. Der Stoizismus entfaltet eine ganz neue Wirkungsgeschichte in der Philosophie der Neuzeit; der moderne Gedanke des Naturgesetzes ist ohne ihn ebenso wenig denkbar wie die Idee einer Pflichtethik, die auf dem Umweg über Cicero die Kantische Moralphilosophie wesentlich bestimmte. So hat das »christliche« Abendland immer auch Heidnisches transportiert, und es bedurfte niemals eines bloßen Rückgriffs, um es im Prozess der Aufklärung gegen das verfasste Christentum ins Feld zu führen.

Dabei kostete es größte Anstrengung, den natürlichen Menschen wieder in seine naturgegebenen Rechte einzusetzen; alle Naturrechtslehrer der Neuzeit sahen sich vor der Aufgabe, zunächst einmal die Erbsündenlehre wegzuräumen, denn solange die gilt, kann der Staat nur eine Zwangsanstalt für verstockte Sünder sein. Die Staatsgewalt auf das wohlverstandene Eigeninteresse mündiger Bürger zu gründen ist genauso heidnisch wie das Grundrecht des »pursuit of happiness« in der US-Verfassung; die Christen hingegen sollen die ewige Seligkeit anstreben und nicht das irdische Glück. »Die Würde des Menschen ist unantastbar« ist ebenso wenig ein christlicher Satz wie »Alle Gewalt geht vom Volke aus«; Paulus sagt hingegen: »… es ist keine Obrigkeit ohne Gott; wo aber Obrigkeit ist, die ist von Gott verordnet« (Röm 13, 1). Im Prinzip von Thron und Altar hat dieses »christliche« Prinzip bis in die jüngste Vergangenheit fortgewirkt.

Wenn wir somit an unsere Wurzeln erinnern, so werden wir dabei auf Jüdisches, Christliches und Heidnisches stoßen, und dies in einer komplizierten, historisch variablen und konfliktreichen Gemengelage. Dieses Erinnern ist nicht immer die reine Freude, denn vieles muss im Rückblick auch unsere Scham und unseren Zorn erwecken; für manches dürfen wir dankbar sein, aber bei anderem sind wir dankbar, dass es zu Ende ist. Das Bild der Wurzel ist irreführend, ja tendenziös, denn es legt die Befürchtung nahe, der Baum unserer modernen Kultur könnte verdorren, wenn wir seine Wurzeln kappen. Der Vergleich mit der Nabelschnur ist viel besser; die *muss* durchtrennt und dann abgestoßen werden, damit ein neuer Mensch weiterleben kann. Der Ursprung hingegen meint auch Sprung; was ihm »entsprungen« ist, darüber hat er seine Macht verloren, und Ursprungs- und Herkunftsargumente zählen nicht mehr. Habermas' Befürchtung, unsere Sinnressourcen könnten im Zuge der Aufklärung versiegen, teile ich nicht; die Quellen unserer religiösen Vergangenheit sprudeln nicht mehr. Das jüdisch-christliche und antike Erbe ist im aufgeklärten Humanismus unserer Tage angetreten und abgegolten. Das hat nichts mit Undankbarkeit oder gar Respektlosigkeit zu tun: Die profane Moderne ist unser Schicksal. Wir leben jenseits des Christentums.

9. Die Wiederkehr der Religion

Seit längerem wollen viele Beobachter bemerkt haben, dass sich die Religion anschickt, in unsere durch und durch profane Alltagswelt zurückzukehren, aber selten wird da jemand konkret. Anders der Ratsvorsitzende der EKD, Bischof Wolfgang Huber in seinem Hauptvortrag beim 30. Deutschen Evangelischen Kirchentag, wo er behauptete, es gebe »kaum einen kulturellen oder gesellschaftlichen Bereich, in dem man nicht Zeichen für eine Wiederkehr des Religiösen beobachten« könne. Belege dafür seien nicht primär bei den Untaten islamistischer Fanatiker zu suchen, obwohl sich »Gewalt und Fundamentalismus mit der Wiederkehr der Religionen verbinden« könnten, sondern in ganz friedlichen Feldern: Die »Theaterlandschaft«, die Buch- und Musikproduktion und sogar die Programmplanung eines kommerziellen Fernsehkanals zeigten eine deutliche Hinwendung zu religiösen Themen; »vergleichbare Signale« kämen auch aus der Politik – etwa durch »Gott schütze unser Land«, womit Bundespräsident Köhler nach seiner Wahl seine Ansprache abschloss, oder durch die Bitte der Spitzenpolitiker um einen ökumenischen Gottesdienst zum 8. Mai 2005, und schließlich durch die politische Aufmerksamkeit für den Wechsel im Amt des Papstes. Bischof Huber verwies schließlich auf »eine heilsame Wiederkehr des Religiösen in unseren Kirchen«.

Für den Außenstehenden ist diese Bilanz nicht besonders eindrucksvoll. Dass die Religion dorthin zurückkehrt, wo sie hingehört, nämlich in die Kirchen, mag den Kirchenmann freuen, besagt aber wenig für den Rest unserer Kultur. Die Beisetzung von Johannes Paul II. mit anschließender Inthronisation Benedikts XVI. war vor allem ein Medienereignis, bei dem die Politiker nicht fehlen durften – aus politischen und nicht primär aus religiösen Gründen. Dass sich die Kirchen mit ihren Mitteln am Gedenken an das Kriegsende vor 60 Jahren beteiligten, war eigentlich eine Selbstverständlichkeit, selbst wenn diesmal die Bitte darum aus der Politik kam; auch dafür gab es gute politische Argumente. Wenn der Bundespräsident »*God bless America!*« auf Deutsch nachahmt, übernimmt er nur eine nordamerikanische Selbstverständlichkeit ohne tiefere religiöse Bedeutung. Und Religion als kulturelles Thema?

Das Religiöse scheint in der Tat wieder interessant geworden zu sein, und dazu hat sicher der islamistische Schock das Seine beigetragen. Die angebliche Wiederkehr der Religion ist somit zunächst einmal eine Wiederkehr des *Interesses* an Religion, das sich auf der kulturellen Nachfrageseite bemerkbar macht. Die Frage ist dann: Was interessiert an Religion? *Als was* wird sie nachgefragt? Die Bilder vom Petersplatz sprechen hier eine deutliche Sprache. Was haben die Massen dort gesucht? Warum nahmen Menschen Wartezeiten von zwölf und mehr Stunden auf sich, um nur kurz einen Blick auf den toten Papst werfen zu können? Sein beinharter Dogmatismus in Fragen der Kirchenlehre, dem auch sein Nachfolger anhängt, war sicher nicht der Grund, und auch die Erklärung, es handelte sich eben um einen gigantischen Personenkult, greift sicher zu kurz, obwohl Johannes Paul II. vor allem die Jungen beeindruckt hatte, die nun zu seiner Bahre strömten. Was hier mehr als alles andere faszinierte, war das Geschehen als solches – der *Event* –, und dies wegen seiner spezifischen Qualität, die kein anderer Kontext anzubieten vermag: das professionell inszenierte, aber eben *religiöse* Großereignis. Dass dabei von dem, wofür der verehrte Tote sein Leben lang gestanden hatte, überhaupt nicht mehr die Rede war, zeigt überdeutlich, dass sich hier die Nachfrage nicht auf die Religion mit ihren Inhalten, Verheißungen und Zumutungen richtete, sondern auf *Religiosität* als solche, d. h. auf eine unbestimmte, aber wohltuende und den profanen Alltag bereichernde Erlebnisqualität; der SPIEGEL fand dafür die unübertreffbare Formulierung: »Das Gefühl des Glaubens«.

Man nennt das auch »Spiritualität« und bleibt dabei ebenso undeutlich. Wer es so nennt, meint damit ein Kontrastprogramm zu unserer profanen, von technischen und ökonomischen Zwängen beherrschten Alltagswelt; Bischof Huber spricht an dieser Stelle von einer Rebellion »der Seele der Menschen gegen ihre kommerzielle Reduktion«. Natürlich gibt es auch andere Kontrastprogramme wie die Urlaubsindustrie, Kino und Fernsehen oder Literatur und Kunst, aber das Besondere der wiederkehrenden Religiosität ist die Sehnsucht nach etwas »Geistigem«, »Höherem«, nach »Transzendenz«. Die konnte einem auch bei einem anderen »metaphysischen Woodstock« (DER SPIEGEL) begegnen – dem Evangelischen Kirchentag. Der fremde Besucher ist hier zunächst beeindruckt von einem einzigartig entspannten sozialen Klima, das diesen Event von anderen Großereignissen wie Weltausstellungen oder Sportmeisterschaften unterscheidet. Man trifft nur friedliche, freundliche, offene, hilfsbereite und unendlich interessierte Menschen, darunter unzählige Jugendliche – junge und alt gewordene –, die die vielen Senioren nicht als bedrohlich empfinden müssen. Die Dominanz von Jugendkultur ist dabei unübersehbar; auch die Älteren müssen hier nicht so erwachsen sein wie sonst. Alle erleben Geborgenheit in einer großen Gemeinschaft, die sie aus ihrer leidigen Isolation beurlaubt, und das tut gut. Außerdem ist es interessant; der überbordende Reichtum des Kirchentagsprogramms und die Präsenz der politischen Prominenz erzeugt den Eindruck, dass es sich hier um etwas unendlich Wichtiges handelt, an dem sie alle teilhaben dürfen. Neben solchen Wellness-Effekten aber ist es der spirituelle Oberton, der alle anderen Töne übertönt und den ersehnten Kontrast zum prosaischen Alltag erzeugt. Damit kann kein anderes kulturelles Medium konkurrieren; hier ist Religion durch nichts zu ersetzen.

Dies alles wird sich demnächst beim katholischen Weltjugendtreffen mit dem leibhaftigen Besuch des Papstes wiederholen. Skeptiker in den Reihen der Amtskirche und kritische Theologen bezweifeln freilich mit guten Gründen, dass Rom, Hannover und

Köln 2005 tatsächlich eine Wiederkehr der Religion anzeigen; es handelt sich wohl nur um Symptome einer neuen Glaubens*bereitschaft*, d. h. eines *Willens* zum Glauben, der sich zur Attitude des Glaubens bereitfindet. Die unterscheidet sich freilich von Religion im strikten Wortsinn beträchtlich. Als Antwort auf die Frage »Was ist dein einziger Trost im Leben und im Sterben?« ist der authentische religiöse Glaube etwas, was den ganzen Menschen ergreift und alle Aspekte seines Lebens bestimmt. Vor 50 Jahren gab es einmal eine Zeitschrift mit dem Titel »Theologische Existenz heute«; davon kann bei der neuen religiösen Welle keine Rede mehr sein. Hier geht es nur um die Ergänzung des vertrauten Erlebnisspektrums um eine weitere Facette: neben Job, Hobby, Sport, Urlaub, Beziehung nun auch noch Spiritualität, z. B. Bikermessen mit zehntausenden von Motorrädern oder Seglergottesdienste für ganze Sportboothäfen. Das ist freilich nichts Neues; solches Nebeneinander von Werktag und Sonntag, Alltagsgeschäften und gelegentlicher Frömmigkeit wird von den Frommen schon seit langem beklagt, und es ist der Grund für das amtstheologische Misstrauen gegen die moderne Wiederkehr der Religion als bloße Religiosität. Aber es ist auch nicht verwunderlich, denn die Moderne ist nun einmal durch den »Verlust der Mitte« gekennzeichnet; sie hat kein kulturelles Zentrum mehr, das einmal die Religion ausmachte. So wie in der modernen Kultur die verschiedenen Sphären nebeneinander stehen und sich das Religiöse zu einer Macht unter anderen herabgesetzt findet, so ist auch das Leben des Individuums bestimmt von den Ansprüchen sehr verschiedener kultureller Instanzen, was dem Einzelnen Freiheitschancen eröffnet, aber auch Orientierungsnöte erzeugt. Der Pluralisierung der Kultur in der Moderne entspricht eine zunehmende Aufspaltung der Ich-Identität, die sich auch in der Tatsache zeigt, dass Religion heute primär als Religiosität im Sinne einer spirituellen Erweiterung der subjektiven Erfahrungsmöglichkeiten nachgefragt wird.

Solche Randständigkeit ist auch die Signatur der Religion im öffentlichen Leben. Die Katastrophe des Tsunami im Dezember 2004 übertraf die Ausmaße des Erdbebens von Lissabon im Jahr 1755 bei weitem; das löste damals ein kulturelles Erdbeben aus, das Jahrzehnte fortwirkte, weil es viele Menschen angesichts der zahlreichen unschuldigen Opfer an der Allmacht und Güte Gottes verzweifeln ließ. Und was geschah bei uns? Ein kurzlebiges Rauschen im Blätterwald. Kirchenobere, denen es nicht wie anderen die Sprache verschlagen hatte, versuchten der Frage, wie Gott so etwas zulassen könne, mit Belehrungen über den Begriff »Allmacht« entgegenzutreten; nicht Gottes Allmacht, sondern nur unsere eigenen Allmachtsvorstellungen stünden in Frage. Dann wurde zur Demut aufgerufen; mehr als die Beschwörung eines unbestimmten religiösen Gefühls war nicht zu vernehmen. Dass man nach dem Tsunami eifrig spendete und dann zur Tagesordnung überging, zeigt überdeutlich, dass wir offenbar, was das Tagesgeschehen betrifft, überhaupt nicht mehr mit Gott rechnen, auch wenn hie und da noch um Gesundheit oder Regen gebetet wird. Es gibt sie noch, die Religion, aber eben nur an den Rändern unserer Kultur.

Die Wiederkehr der Religion ist somit bestenfalls die Wiederkehr eines religiösen *Bedürfnisses*. Nicht die Religion kehrt zurück und ergreift die Menschen, sondern die Menschen greifen nach etwas, was sie für das Religiöse halten; sie spüren ein Vakuum und möchten es aufgefüllt sehen. Da ist ständig von der Suche nach »Sinn« die Rede. Was der Sinn unseres Lebens sei, sagte das Christentum ganz einfach: »Die ewige Seligkeit«; der Marxismus antwortete: »Werde eine sozialistische Persönlichkeit!« Solche Auskünfte werden heute nicht mehr akzeptiert, denn wer möchte sich schon von irgendwelchen Autoritäten vorschreiben lassen, was der Sinn seines Lebens sei? Das muss jeder für sich herausbekommen. In Wahrheit ist der vielbeschworene »Sinn« ein verbaler Fetisch, eine leere Worthülse, denn bei der Sinnsuche geht es in Wahrheit um die Frage: »Was macht mein Leben sinnvoll, lebenswert, lohnend?« Da gibt es viele Antworten, und darunter mag auch eine religiöse Antwort sein, aber »den« Sinn für alle und jeden,

132

das gibt es nicht. Wittgenstein bemerkt, dass »Menschen, denen der Sinn des Lebens nach langen Zweifeln klar wurde, »... dann nicht sagen konnten, worin dieser Sinn bestand.« Er ist eben kein simpler Gegenstand, auf den man verweisen könnte, sondern das, was unser Leben sinnvoll macht, ist eine bestimmte Lebensweise. Der Nebel hingegen, der den Sinnbegriff in schillernde Unbestimmtheit taucht, umgibt den »Sinn« mit einer metaphysischen Weihe und lässt ihn genau in dem Maße als religiöses Großobjekt erscheinen, in dem niemand etwas Genaueres über ihn sagen kann. Hinzu kommt, dass heute auch alles als religiös ausgegeben wird, was man früher einmal die existentiellen Fragen genannt hatte; so rechnet Bischof Huber auch die Beschäftigung mit der »Frage, wie man in Würde und Anstand mit Tod und Abschied umgeht«, die er bei VOX ausgemacht hat, zu den Belegen für die Wiederkehr der Religion.

Die Nachfrage nach Religion speist sich zudem aus ganz unverhüllten Nützlichkeitserwägungen; es wäre gut, sie wiederzuhaben, z. B. wegen der »Werte«. Wie der »Sinn« schimmern auch die »Werte« in einem höheren, aber undeutlichen Licht, und man meint sehr Verschiedenes damit: natürlich nichts Materielles, sondern Ideale wie »die« Familie oder Tugenden wie Fleiß, Rücksicht und Nächstenliebe; auch Normen kommen unter den »Werten« vor, z. B. Gerechtigkeit, und noch manches andere, von dem man meint, dass es in der Gegenwart nicht genügend geschätzt wird. Bei den »Werten« ist es wie beim »Sinn«; sie sind in der Regel das Ergebnis grammatischer Verdinglichung. Bewertungen von Dingen, Ereignissen, Handlungen und auch Personen bestimmen unseren Alltag, und da ist immer wieder zu fragen, nach welchen Kriterien dies geschieht und ob sie vernünftig zueinander passen. Diese Kriterien, gemäß deren wir bewerten, werden von den Freunden der »Werte« hinaufstilisiert zu einem abstrakten Jenseits; die Maßstäbe, nach denen wir etwas als wahr, gut oder schön beurteilen, erscheinen so wie einst bei Platon als das Wahre, Gute, Schöne selbst, und es wird behauptet, dass etwas nur dann wahr, gut oder schön sein könne, wenn es dem Wahren, Guten oder Schönen entspreche. Ist man dann erst einmal bei den so verstandenen Werten angekommen und vor allem bei der Forderung, die Menschen sollten sich bei den Bewertungen, die ihr Handeln bestimmen, daran orientieren, stellt sich die Frage nach der Kompetenz der Werteermittlung und -vermittlung, und da ist man wieder bei der Religion. »Wenn Gott tot ist, dann ist alles erlaubt« – dieses Gespenst geistert auch heute noch durch die Köpfe, und wenn das stimmt, brauchen wir eben die Religion, damit dann nicht alles erlaubt ist. Solches Denken bestimmte auch die Bildungspolitiker, die einen Werte-Unterricht als Ersatz für den Religionsunterricht einführten; umgekehrt schienen die Religionsschüler diesen Unterricht nicht zu benötigen, denn denen würden ja mit der Religion die Werte nahegebracht. Dass die Moral längst auf eigenen Füßen steht und dass man auch als Atheist ein anständiger Mensch sein kann, hat sich noch nicht überall herumgesprochen.

Dass wir die Religion bräuchten, damit die »Werte« stimmen, und dass ihre Vertreter dazu da seien, die Menschen Mores zu lehren, bezeugt eine Denkfigur, die sich auch in anderen Bereichen wiederfindet: Religion als Mittel zum Zweck. Im Gespräch mit Jürgen Habermas meinte der damalige Kardinal Ratzinger, nur durch Religion ließe sich die moderne, sich verabsolutierende Vernunft in ihre Schranken weisen; tatsächlich brauchen wir für die Vernunftkritik nichts anderes als unsere Vernunft selber, denn nur selbstkritische Vernunft ist vernünftig. – Von der Überzeugung, Religion sei vonnöten, damit die Ökonomie nicht alles ist, war schon die Rede; in unserem gegenwärtigen Klima anwachsender sozialer Unsicherheit und Kälte könnte man sie außerdem als Kitt sehr gut gebrauchen, der alles zusammenhält. – Beim Gottesbezug in der europäischen Verfassung geht es den Befürwortern nicht nur um den Hinweis auf die religiösen Wurzeln unserer Tradition, sondern sie halten die Nennung des Wortes ›Gott‹ deswegen für unentbehrlich, damit signalisiert werde, dass Politik nicht alles ist, sondern durch ein Höheres begrenzt sei. Natürlich meinen sie den jüdisch-christlichen Gott, aber ohne theologischen Kommentar stünde an jener Stelle nur ein X, mit dem auch Allah oder ein anderes höchstes Wesen gemeint sein könnte. Die Selbstbegrenzung staatlicher Macht durch »Die Würde des Menschen ist unantastbar« wird da für unzureichend gehalten, aber eine bessere und effektivere existiert nicht, es sei denn, wir beschritten den Weg in den Mullah-Staat, in dem Theologen darüber entscheiden, was der Gottesbezug in der Verfassung tatsächlich bedeutet.

Was dazu angetan ist, den glaubensfernen Beobachter zu irritieren und den Gläubigen zu erbittern, ist das rein funktionale Verständnis von Religion, das sich in den zahlreichen Versuchen zeigt, sie für die verschiedensten außerreligiösen Ziele zu instrumentalisieren. Ganz offen wird hier versucht, über das angeblich Unverfügbare zu verfügen und es an den Stellen einzusetzen, wo andere Werkzeuge nicht mehr greifen. Dazu eignet sich freilich nur ein Christentum ohne Zähne und Klauen, ohne Widerständigkeit gegen unsere moderne Welt, wie es jetzt an der Zeit zu sein scheint. Vom verborgenen, unerforschlichen, zornigen, richtenden und strafenden Gott, der sogar seinen eigenen Sohn nicht verschonte und unsere gesamte Lebenswirklichkeit in Frage stellen könnte, ist da nur noch in homöopathischen Dosen die Rede; das strenge Thema der Rechtfertigung, das Luther umtrieb, verschwindet hinter dem Wunsch nach Geborgenheit in einer kuscheligen und theologisch entlasteten Religiosität. Wenn Religion nur in der Form wiederkehrt, dass alle wissen, wozu sie gut wäre, um sie dann in maßgeschneiderter Gestalt einzusetzen, bestätigt dies nur, wofür alles spricht – dass wir hier im Westen in Wahrheit bereits in einem postreligiösen Zeitalter leben.

10. Zur Bedeutung der Religion.

Antwort auf vier Fragen, und auf eine fünfte.

1. Zehrt der freiheitlich säkularisierte Staat von normativen Voraussetzungen, die er selbst nicht mehr garantieren kann?

Die erste Frage bezieht sich auf das berühmte Böckenförde-Dilemma »Der freiheitliche, säkularisierte Staat lebt von Voraussetzungen, die er selbst nicht garantieren kann«, und da ist nicht nur von normativen Voraussetzungen die Rede. Böckenförde selbst spricht in seiner Begründung viel allgemeiner von »inneren Regulierungskräften«, ohne die ein freiheitlicher Staat nicht bestehen kann, die er aber nicht »mit den Mitteln des Rechtszwanges und autoritativen Gebots zu garantieren« vermag, »ohne seine Freiheitlichkeit aufzugeben«. Genannt werden dann die »moralische Substanz des einzelnen« und die »Homogenität der Gesellschaft«.

Diese vollkommen zutreffende Problemdiagnose von 1976 erlebte nicht ihre gegenwärtige Konjunktur, wenn sie heute nicht in mindestens zweifacher Weise instrumentalisiert würde: einmal zum Zweck einer erneuten Beschwörung von »Werten« und zum anderen in der Absicht, die Religion wieder interessant zu machen und ihre »Wiederkehr« zu befördern. Beides hängt natürlich miteinander zusammen, denn der besorgte *Common Sense* meint, ohne Gott gebe es keine Moral, und es sei dann alles erlaubt.

Ärgerlich an dieser Denkweise ist die Vorstellung, in der modernen Kultur könne nur die Religion die »moralische Substanz des Einzelnen« und die »Homogenität der Gesellschaft« garantieren, was im Umkehrschluss bedeutet, die Säkularisierung selbst sei für den moralischen und sozialen Verfall verantwortlich, den die ängstlichen Konservativen überall am Werke sehen: also »Zurück zur Religion!« So etwas läuft auf einen strategischen Umgang mit dem Religiösen hinaus, der nicht nur dessen eigenem Sinn vollständig widerspricht, sondern selbst den frommen Atheisten erbittern muss, denn der möchte das religiöse Erbe nicht zum bloßen Mittel der Verhaltenssteuerung und zum »Kitt« der Gesellschaft herabgesetzt sehen.

Wovon also lebt der »freiheitliche, säkularisierte Staat«? Das Religiöse hat er in die Privatheit entlassen und schützt es dort, aber er verzichtet darauf, es als Legitimationsquelle zu nutzen. Tatsächlich ist er das Ergebnis der Verrechtlichung einer bürgerlichen, aufgeklärten Lebenswelt vor dem Hintergrund der Erfahrungen der Schrecken konfessioneller Bürgerkriege sowie der politischen und industriellen Revolution. Hier sind die realen Wurzeln der Ideen von 1789, aber auch einer Moral »auf eigenen Füßen« und der uns vertrauten pluralen »offenen« Gesellschaft, deren innerer Zusammenhalt uns ständig Sorgen bereiten mag. Ohne dass diese historischen Voraussetzungen lebendig bleiben und von uns lebendig gehalten werden, gerät der moderne Rechtsstaat zum leeren Gehäuse – wie einst die Weimarer Republik.

2. Kann religiöses Denken in der wissenschaftlichen Kultur der Gegenwart eine Sensibilität für Versagtes wachhalten und auf Zerstörungen, die diese Kultur angerichtet hat, hinweisen?

Dass religiöses Denken ein privilegiertes Medium sensibler Selbstkritik der Kultur sei, vermag ich nicht zu sehen. Es waren meist die skeptischen und manchmal verzweifelten Aufklärer selber und nicht die frommen Flüchtlinge aus der modernen Wirklichkeit, die auf die psychischen und sozialen Kosten hemmungsloser Rationalisierung aufmerksam machten. Dass darunter immer auch religiöse Denker waren, ist nicht erstaunlich, denn die christliche Theologie stand ja der Aufklärung niemals nur entgegen, sondern nahm an ihr teil und trieb sie zuweilen selbst kräftig voran.

3. Was würde es für unsere Kultur bedeuten,
wenn wir uns unserer religiösen Wurzeln entledigten?
Können wir das überhaupt?

Die Frage ist doch nicht, was geschieht, wenn wir unsere religiösen Wurzeln kappen, denn wie sollte das gehen? Durch Kirchenschließungen, Bilderstürme, Bücherverbrennungen oder drakonische Umerziehung wie bei den Sowjets oder unter Mao? Es geht vielmehr um die Tatsache, dass diese Wurzeln weitgehend abgestorben sind und fast keinen kulturellen Lebenssaft mehr transportieren; die Profanität ist unser Schicksal und nicht unser Werk, das wir auch unterlassen könnten. Darum haben auch religiöse Wiederbelebungsversuche keine Chance.

4. Umgekehrt gefragt:
Was bedeutet ein Wiedererstarken von Religion
für unsere Kultur?

Es gibt kein »Wiedererstarken von Religion«, wenn man unter ›Religion‹ nicht bloß Religiosität als eine Art subjektiven Gestimmtseins (Stichwort ›Spiritualität‹) mit einer neuerdings wieder attraktiven Erlebnisqualität versteht, sondern als eine Angelegenheit, die uns als ganze Person betrifft und uns nötigen könnte, unser Leben zu ändern. In unserem heutigen Lebensalltag ist das Religiöse nicht mehr als eine kulturelle Garnierung, auf die die meisten Zeitgenossen ohnehin leicht verzichten.

5. Die nicht gestellte Frage lautet:
Was fehlte, wenn die Religion fehlt?

– eine »*Nation under God*«, deren Präsident im Namen Gottes in den Krieg ziehen kann;

138

- ein theologisch begründetes Verbot von Verhütungsmitteln, unabhängig von dessen realen Folgen;
- das Tabu über der Stammzellenforschung mit dem Argument, Gott füge bei jeder Zeugung unmittelbar eine unsterbliche Seele hinzu;
- die Möglichkeit, jeden normalen politischen Konflikt wie den im Nahen Osten als eine Angelegenheit hinzustellen, in der man als Märtyrer sterben und direkt in den Himmel kommen kann;
- die Hoffnung auf 70 Jungfrauen in einem himmlischen Privatharem, die jugendliche Fanatiker dazu motiviert, sich und andere mit »Allah ist groß« in die Luft zu sprengen;
- das gute Gewissen, mit dem jüdische Siedler mit der Berufung auf »Mose und die Propheten« den Palästinensern Land wegnehmen.

Das sind nur Beispiele für vieles andere, was wir in der modernen Kultur entbehren können. Zumindest für den öffentlichen Raum folgt daraus: »Lieber keine Religion!«

11. Glühbirnen am platonischen Ideenhimmel.
Zur Erziehungsinitiative der Bundesregierung

Mit ihrer Erziehungsoffensive hat unsere Familienministerin beträchtliches Aufsehen erregt. Nachdem das gewaltige Rauschen im Blätterwald abgeebbt ist und sich der erste Staub der allgemeinen Aufregung gelegt hat, ist es wohl Zeit, sich die Augen zu reiben und sich das Geschehen noch einmal genauer anzusehen.

Auf der Bundespressekonferenz erscheint Frau von der Leyen, um die Gründung eines »Bündnisses für Erziehung« anzukündigen, aber statt in Begleitung der Bundesbildungsministerin, wie eigentlich zu erwarten, mit einem Kardinal und einer Bischöfin zu beiden Seiten. Diese merkwürdige Besetzung wird so erklärt: Die Kirchen seien bei der Wertevermittlung besonders gefragt, denn unsere Kultur gründe schließlich auf christlichen Werten, und im Übrigen stellten sie die meisten Kindergartenplätze; so böten sie die Chance der größten Breitenwirkung bei der moralischen Erziehung im besonders wichtigen frühkindlichen Alter. Der Ausschluss der anderen Religionsgemeinschaften sowie der nichtkirchlichen Trägerschaften in diesem Bereich wird pragmatisch gerechtfertigt; sie alle könnten später hinzustoßen. Zunächst jedoch handle es sich um ein Bündnis »auf der Basis christlicher Werte«, und so sollten zunächst »Eckpunkte für eine wertegebundene Erziehung mit den beiden großen Kirchen« erarbeitet werden.

Was hier inszeniert wurde, ist nicht schwer zu erraten: Die Partei mit dem großen C im Namen, die sich selbst als »Volkspartei mit einem christlichen Menschenbild« versteht, geht in die erziehungspolitische Offensive mit den großen Volkskirchen als Koalitionspartnern; das ist alles andere als bloßer Pragmatismus. Mit ihrer Herablassung gegenüber allen anderen Erziehungsinstanzen, von den Erziehungs- und Sozialwissenschaften gar nicht zu reden, macht dieser Dreibund unmissverständlich klar, dass er das Heft fest in der Hand zu behalten gedenkt; der ideenpolitische Machtanspruch eines christlichen Wertekonservatismus ist unverkennbar. Hier sollen erst einmal christliche Pflöcke eingeschlagen werden, später kann man sich immer noch für andere öffnen.

Irritierend ist auf dieser Bühne auch das zufriedene Lächeln der beiden Kirchenvertreter; sie scheinen ihr Eingeladensein dankbar auf dem Konto abzubuchen, das Kardinal Lehmann und Bischof Huber schon seit längerem eröffneten: dem der Wiederkehr der Religion. In ihrer Genugtuung darüber, dass die Kirchen endlich wieder gefragt sind, ahnen sie offenbar gar nicht, worauf sie sich da eingelassen haben. Wenn es um die Grundlagen einer »wertegebundene Erziehung« geht, möchte man fragen, woher ausgerechnet die Theologen die Kompetenz beziehen, hier mitzureden; es ist nicht bekannt, dass in der Pfarrerausbildung die Ethik eine prominente Rolle spielt. Um in ihrer Sprache zu reden: Es ist die Aufgabe der Kirchen, das Evangelium zu verkündigen, und nicht, die Leute Mores zu lehren. Natürlich sehen viele Zeitgenossen in den Geistlichen und Religionslehrern vor allem die Moralpädagogen, und diese Sicht der Dinge wurde ja auch vor Jahrzehnten durch die Politik bestätigt – durch die Einführung des Ethikunterrichts als Ersatz für das Fach Religion, denn ohne »Wertevermittlung« sollten die gottlosen Kinder nicht bleiben. Solchen Erwartungen aber dadurch Vorschub zu leisten, dass man sich als Kirche federführend an einer Erziehungsoffensive beteiligt, ist theologischer Populismus.

Verräterisch ist auch die Rhetorik. Hier wird wie fast überall von »den« Werten geredet, als sei auch nur annähernd klar, was damit gemeint ist. Tatsächlich handelt es sich hier um einen Sammelbegriff, der sich vor allem durch seine Undeutlichkeit zum allgemeinen Gebrauch anbietet und dann das damit nur andeutungsweise Gemeinte mit einer höheren Weihe versieht. Bei den »Werten« geht es zunächst einmal um die Kriterien, nach denen wir Handlungen bewerten, loben oder tadeln, und es besteht kein

Grund, unsere Bewertungsmaßstäbe, die wir in der Regel sehr genau zu formulieren vermögen, zu verdinglichen und sie wie Glühbirnen an irgendeinem platonischen Ideenhimmel aufzuhängen, damit sie uns dann moralisch erleuchten. Zu den »Werten« werden dann aber in der Regel nicht nur Bewertungskriterien, sondern alles Mögliche andere gezählt, das irgendwie auch mit Moral zu tun hat und von uns geschätzt werden soll; da werden Normen ebenso genannt wie subjektive Handlungsgrundsätze oder Tugenden, dann aber auch »der« Rechtsstaat oder »die« Familie. So trägt der Werte-Jargon auf seine Weise dazu bei, die Probleme unserer normativen Handlungsorientierung in ein quasi-religiöses Licht zu tauchen und so die Theologen anzulocken.

Eine weitere Nachfrage: Was bedeutet die Tatsache, dass so viele Kindergärten in kirchlicher Trägerschaft betrieben werden? Zunächst einmal nur, dass es für den Staat billiger ist, sie zu subventionieren statt sie selbst zu übernehmen. Daraus eine besondere christliche Kompetenz bei der frühkindlichen Erziehung ableiten zu wollen setzte voraus, dass sich die primären normativen Prägungen in kirchlichen und nichtkirchlichen Kitas signifikant unterscheiden. Früher war dies sicher einmal der Fall. Da wurde im katholischen Kindergarten unter dem Abbild eines Gehenkten und zu Tode Geschundenen auf die erste Beichte und die Erstkommunion vorbereitet, und wie es tatsächlich nach dem Zweiten Weltkrieg in von Ordensleuten geführten Kinderheimen zuging, kommt erst jetzt allmählich durch die Opfer heraus. Auf evangelischer Seite war es nicht viel besser; hier wurde vor allem bei den Pietisten sehr früh für ein ausgeprägtes Sünderbewusstsein gesorgt, um die Bekehrungswahrscheinlichkeit zu erhöhen. Das alles ist Vergangenheit, aber nicht, weil die Kirchen sich liberalisiert hätten, sondern weil seit langem die Förderung von Erziehungseinrichtungen mit öffentlichen Mitteln davon abhängig gemacht wird, dass in ihnen Leute beschäftigt werden, deren Ausbildung elementaren pädagogischen Bildungsstandards entspricht. Niemand käme auf die Idee, Kindergärten von Mormonen oder Zeugen Jehovas, die diesen Ansprüchen sicher nicht genügen, mit Steuergeldern zu unterstützen und dies dann als Beitrag für eine Stärkung der christlichen Früherziehung auszugeben. Wegen der so erzwungenen Angleichung des Profils des konfessionellen und des nichtkonfessionellen Personals gibt es tatsächlich keine Anzeichen dafür, dass die »Wertevermittlung« in beiden Erziehungsbereichen erheblich voneinander abweicht. Niemand will an dieser Stelle Christen ausgrenzen, aber sie sind nicht dazu legitimiert, im öffentlichen Raum die Ziele und Methoden der Moralerziehung selbst zu definieren; das religiöse Engagement muss sich gerade hier den Prinzipien und Normen unseres säkularen Gemeinwesens unterordnen.

Weil das ja auch in der Regel geschieht, möchte man gern wissen, worin denn nun das spezifisch Christliche der Wertebasis bestehen soll, auf der das »Bündnis für Erziehung« zu operieren gedenkt. Die Pressemitteilung des Familienministeriums nennt »Respekt, Verlässlichkeit, Vertrauen und Aufrichtigkeit«; das aber sind zunächst einmal bürgerliche, wenn nicht sogar preußische Tugenden, wenn man noch die Gottesfurcht und die Sparsamkeit hinzunimmt, während von den klassischen christlichen Tugenden »Glaube-Liebe-Hoffnung« gar nicht die Rede ist. Kritische Stimmen haben hier mit Recht den Gerechtigkeitssinn oder die Zivilcourage vermisst, und weitere Aspekte unserer alltäglich gelebten Kultur des zivilisierten Umgangs wären hier dringend anzuführen. Was die Ministerin im Auge hat, sind nichts anderes als die Regeln und Normen humaner Gesittung, ganz unabhängig von religiösen Einstellungen.

Die Tatsache, dass sich in einem so erweiterten »Wertefundament« überhaupt nichts identifizieren ließe, was eine christliche Lebensführung gegenüber einer nichtchristlichen auszeichnet, macht die Hohlheit des ganzen Unternehmens augenfällig. Die versteckte Botschaft lautet: Die nichtchristlichen Instanzen haben versagt; jetzt brauchen wir eine Erziehungsoffensive, eine neue »moralische Aufrüstung« im Zeichen christlicher Wertorientierung und mit dem Segen der großen Amtskirchen. Abgesehen von der impliziten Diskriminierung der Nichtchristen, die darin besteht, dass sie zur späteren Teilnahme großzügig eingeladen sind, handelt es sich hier um den Versuch machtbewusster Berufschristen, die normative Früherziehung der Kinder in die Hand zu bekommen. Aber man kann sicher sein, dass daraus nichts wird: Sie haben hier doch gar nichts spezifisch Christliches zu bieten, und daher wird aus dem gigantischen Beratungsapparat, den sie angekündigt haben, auch nichts anderes herauskommen als die allbekannten Grundlagen des bürgerlichen Anstands.

Was die Gründer des ganzen Unternehmens zu ihrer Legitimation selbst anführen, ist zunächst die altvertraute konservative Krisenrhetorik: Es werde zu wenig erzogen, die Eltern seien verunsichert, viele lebten in »geistiger Armut und Beliebigkeit«, es fehle an Orientierung und Ermutigung. Darum endlich wieder »Mut zur Erziehung« auf der Grundlage eines festen Wertefundaments. In der Rede von der Beliebigkeit ist die Stimme des Papstes deutlich zu vernehmen, der seit Jahr und Tag den allgemeinen Werterelativismus unserer Tage geißelt und keinen Zweifel daran lässt, wo ihm zufolge die absoluten Werte allein zu finden sind. Die neue Erziehungsoffensive ist also als Werteoffensive gemeint; man fragt sich nur, was damit eigentlich erreicht werden soll. Tatsächlich sind doch die normativen Orientierungen, nach denen wir alle zu leben bereit sind, überhaupt nicht so umstritten oder gar disparat, wie es jenes Krisengerede glauben machen will. Das Grundgesetz, die Menschenrechte und die Regeln des menschlichen Anstands erfreuen sich der breitesten Zustimmung; wo sind also die beklagten Orientierungsdefizite, die schwarzen Löcher unserer rechtlich-moralischen Kultur? Wir leben doch gar nicht in einem normativen Vakuum, das nun von irgendeiner ideologischen Seite erst einmal mit »Werten« aufgefüllt werden müsste; also muss auch die werteorientierte Erziehung nicht neu erfunden werden. Wenn zu wenig erzogen wird, dann liegt das nicht am »Wertemangel«; das Problem ist doch nicht, dass die Menschen die »Werte« nicht kennten oder nicht akzeptierten, sondern dass sie immer weniger wissen, was sie in unserer unübersichtlichen Welt im Konkreten bedeuten. Wer möchte denn nicht gern moralisch sein – wenigstens im Prinzip, auch wenn sich die Ausnahmen häufig lohnen –, aber es wird immer schwieriger, in komplexen Einzelfällen und erst recht in Konfliktsituationen genau zu bestimmen, wie man das macht. Praktische Urteilskraft ist gefragt; sie vor allem wäre in der normativen Bildung zu üben und zu schärfen, und genau dies wäre dann auch die allein erfolgversprechende Praxis der »Wertevermittlung«.

Die Initiatoren des »Bündnisses« versuchen zudem, ihre besondere Erziehungsautorität durch Hinweise auf die christlichen Wurzeln unserer Kultur und das christliche Menschenbild als Basis unserer »Werte« zu legitimieren. Das so beschworene Christliche droht seit langem zur Lebenslüge der Amtskirchen zu verkommen. Unsere Kultur hat tatsächlich auch christliche Wurzeln, aber nicht alle ihre Wurzeln sind christlich; das jüdische Erbe wird meist weit unterschätzt und das antike in der Regel ganz übersehen. Wer mit Wurzeln argumentiert, dem muss man mit der Bibel entgegenhalten: »An ihren Früchten sollt ihr sie erkennen«, und das gilt für den Obstbau ebenso wie für unsere Kultur. Das christliche Menschenbild ist eine bittere Frucht, wenn man sich vergegenwärtigt, was »Die Würde des Menschen ist unantastbar« wirklich bedeutet; gemeint ist nämlich die Würde des natürlichen Menschen. Diese Idee bestimmt die Schöpfungsmythen des Alten Testaments und des Koran gleichermaßen, und in unserer Tradition verdanken wir sie vor allem dem antiken Humanismus der Stoiker. In christlicher Perspektive hingegen ist jener Satz heidnisch, denn hier ist der natürliche Mensch ein Sünder von Geburt an, gefallene Kreatur und ohne Gottes Beistand zu nichts Gutem fähig. So hat das Christentum den Menschen die Menschenwürde immer nur unter Bedingungen zugesprochen, die es glaubte, selbst festlegen zu können; Neugeborene musste man erst einmal taufen, und Heiden brauchte man nicht wie Menschen zu behandeln. Der Humanismus und die Aufklärungsbewegung sahen es im Rückgriff auf die Antike als eines ihrer wichtigsten Ziele an, die schreckliche Erbsündenlehre vom Tisch zu kriegen und dadurch den natürlichen Menschen zu rehabilitieren; dann erst war ja der Weg frei für den weltlichen, nur auf der Zustimmung seiner Bürger fußenden Staat und für die Bürgerrechte, unabhängig von ihrer Religion. Das ist heute selbstverständlich, aber christlich war es nicht; man sollte sich daran erinnern, dass noch gegen Ende des 19. Jahrhunderts Papst Pius IX. den Humanismus und die Idee der Menschenrechte als ketzerisch verurteilte. Wer diese »Werte« heute als spezifisch christlich für sich vereinnahmt, muss daran erinnert werden, dass sie in langem und zähem Ringen den Amtskirchen beider Konfessionen abgetrotzt werden mussten.

Die christliche Erbschaft in unserer Kultur taugt also nicht zur Selbstermächtigung christlicher Funktionsträger in Erziehungsfragen; sie ist nicht viel mehr als ein kulturhistorischer Tatbestand unter anderen. Trotz ihrer christlichen Wurzeln kann man unsere Lebenswirklichkeit überhaupt nicht mehr als christlich bezeichnen, denn nur kleine Minderheiten versuchen noch im Ernst, ihr Leben vom Glauben bestimmen zu lassen; für fast alle anderen erschöpft sich das Religiöse in einer willkommenen Garnierung ihres ganz profanen Alltags, wenn sie nicht auch noch darauf gern verzichten. Tatsächlich leben wir hier in Europa in einer pluralen Welt, in der die Religion längst aus dem Zentrum an den kulturellen Rand gedrängt wurde. Seitdem steht auch die Moral auf eigenen Füßen, aber genau vor dieser trockenen Wahrheit schrecken die Besorgten zurück; sie fürchten, ohne Gottes drohenden Zeigefinger sähe niemand ein, warum man moralisch sein solle. Ein solches funktionales Religionsverständnis ist jetzt wieder Mode; die Religion kehrt heute vor allem zurück im Medium der Frage, wozu sie gut wäre, wenn man sie hätte. Wenn sich Theologen an dem Geschäft beteiligen, die Religion als Mittel der Moralerziehung und damit der Sozialsteuerung einzusetzen, kehren sie nicht nur zur Ideologie des Staatskirchentums zurück, sondern sie befördern das, was vor allem den frommen Atheisten erbittern muss: die Instrumentalisierung der Religion für außerreligiöse Zwecke.

12. In der Höhle des Löwen. Zur Diskussion zwischen Kardinal Ratzinger und Jürgen Habermas

Ein Nachtrag

Den Ort seines Zusammentreffens mit Joseph Kardinal Ratzinger hat Jürgen Habermas selbst so bezeichnet – so wird zumindest erzählt –, und so ging es am 19. Januar 2004 in der Katholischen Akademie in München um »Vorpolitische moralische Grundlagen eines freiheitlichen Staates«. Über das publizitätsscheue Gespräch in kleiner, auserwählter Runde wurde vielfältig berichtet, denn es war ja in der Tat ein sensationelles Feuilletonereignis: auf der einen Seite der unermüdliche Verteidiger der Moderne und des Projekts der Aufklärung, der sogar mit dem Teufel diskutierte, wenn es denn ihn gäbe und der sich getraute, mit Habermas zu streiten; andererseits der Gralshüter der reinen, prämodernen katholischen Lehre, der als beinharter Konservativer bekannt ist und vor allem die kirchlich gebundenen »freien Geister« das Fürchten lehrt. Und dann die sensationelle Nachricht: Nachdem beide ihre Statements vorgetragen hatten, war offenbar nur noch »schwer auszumachen, worüber die Kontrahenten überhaupt zu streiten gedachten« (Thomas Assheuer in der ZEIT vom 22. 1. 2004, 38 ff.). Wie konnte das geschehen? Hatte Habermas sich in den Verliesen des Vatikans verlaufen, oder war Ratzinger plötzlich ins Feld der herrschaftsfreien Kommunikation übergewechselt, wo päpstliche Denkdekrete machtlos sind?

Wer die beiden Texte vollständig liest, stellt bald fest: Beide Redner gingen zunächst nur wenig auf die tatsächliche oder vermutete Position des jeweils anderen ein. In der Tat ergaben sich nicht wenige Übereinstimmungen – jedenfalls mehr, als man im Vorhinein erwarten konnte. Was danach im Gespräch wirklich kontrovers war, kann man als Außenstehender nur vermuten; es war wohl zu wenig, um das Gegeneinander von »Dogma und Diskurs« (Christian Geyer in der FAZ vom 21. 1. 2004, 17) wirklich kritisch werden zu lassen. Man sollte aber das Thema jenes Abends nicht auf dem »Gipfel der Freundlichkeiten« (Thomas Assheuer, a. a. O.) belassen; dafür ist es zu wichtig. Mag man die Ausführungen Ratzingers teilweise als friedlich-freundliche Aufnahme dessen verstehen, was Habermas vertritt, so fordert der Rest doch nachdrücklichen Widerspruch heraus, und der soll hier nachträglich eingelegt werden.

Habermas gesteht zunächst zu, dass der freiheitliche säkularisierte Staat auf präpolitische Bedingungen seines Funktionierens angewiesen ist, die er selbst nicht garantieren kann (Böckenförde), aber er wendet sich gegen alle Versuche, an dieser Stelle »haltende Mächte« wie die Religion zu beschwören; tatsächlich »trifft das Theorem, dass einer zerknirschten Moderne nur noch die religiöse Ausrichtung auf einen transzendenten Bezugspunkt aus der Sackgasse verhelfen könne, auch heute wieder auf Resonanz.«(3)[1] Statt dessen verweist er auf lebensweltliche Motive für die Teilnahme an demokratischen Meinungs- und Willensbildungsprozessen wie »ethische Lebensentwürfe und kulturelle Lebensformen«, die aber ihrerseits von den »demokratischen Praktiken« durchformt werden, sodass die Nötigung, den modernen rechtsstaatlichen Formalismus nachträglich mit religiös-weltanschaulichen »Inhalten« zu füllen, entfällt. Dann erst kommt Habermas auf die Religion zu sprechen – ganz im Sinne seiner bekannten Paulskirchen-Rede – und fordert zu einem wechselseitigen Lernprozess auf zwischen den Traditionen der Aufklärung und der religiösen Glaubenslehren; ihnen gesteht er für das Selbstverständnis der Moderne unentbehrliche kognitive Gehalte zu, die es aber kritisch aufzuklären und zu übersetzen gelte.

Und dann der Kardinal. Er entwirft ein breites Szenario, verweist auf die Probleme der Multikulturalität der modernen Weltgesellschaft, der Bändigung der Macht in ihren verschiedenen gegenwärtigen Gestalten durch das Recht, das seinerseits der Begrenzung durch die heutigen Nachfahren des Naturrechts, d.h. der Menschenrechte bedürfe. Genau diese aber seien zwischen den verschiedenen Kulturen umstritten, sodass hier die vorpolitischen Grundlagen friedlicher Weltpolitik nur durch interkulturelle Diskussion gesichert werden könnten, und zwar in einer Situation, in der »die beiden großen Kulturen des Westens«, die »Kultur des christlichen Glaubens« und die »der säkularen Rationalität« (6) sich einzugestehen hätten, dass sie faktisch nicht mehr universell gelten. Diesen weithin konsensfähigen Überlegungen aber gibt der Kardinal im Resumé eine bemerkenswerte Wendung: Hatte er zuvor angesichts der Pathologien des Religiösen im islamistischen Terror vertreten, dass hier »Religion unter das Kuratel der Vernunft gestellt« (6) werden müsse, so geht er jetzt unmittelbar zu der komplementären Behauptung über, dass die Vernunft »zerstörerisch« werde, wenn sie sich nicht an ihre Grenzen gemahnen lasse, und zwar durch »Hörbereitschaft gegenüber den großen religiösen Überlieferungen«. So greift er am Schluss Habermas' Idee des »komplementären Lernprozesses« (4) von Vernunft und Glauben in der »postsäkularen« Gesellschaft auf und spricht dann von »einer notwendigen Korrelationalität von Vernunft und Glaube, Vernunft und Religion, die zu gegenseitiger Reinigung und Heilung berufen sind und die sich gegenseitig brauchen und dies gegenseitig anerkennen müssen.« (Ebd.) Abschließend wird zugestanden, dass dieser Dialog zwischen Vernunft und Religion selbst auch interkulturell geführt werden muss.

Warum ist hier Einspruch zu erheben? Das Thema waren »vorpolitische moralische Grundlagen eines freiheitlichen Staates«. Habermas hatte hier ein breites Spektrum lebensweltlicher Bedingungen für dessen Existenz genannt – nicht nur moralische im engeren Sinn; er war dann auf die Religion zu sprechen gekommen, die eben auch dazu gehört, und hatte der unbesehenen, pseudoaufgeklärten Abwendung von allem Religiösen eine klare Absage erteilt. Diese Komplexität aber wird von Ratzinger auf die »wesentliche Komplementarität von Vernunft und Glaube« reduziert, sodass dann die Religion als die einzige Gegenmacht gegen die Hybris der Vernunft und ihre Entgleisungen übrigbleibt. Dagegen ist zweierlei einzuwenden: (1) Das vorpolitisch Moralische, das einen freiheitlichen Staat möglich macht, ist gerade in der Moderne niemals nur das Religiöse; es gehört nicht einmal zu seinen Bestandsbedingungen. (2) Die Vernunftkritik ist kein Privileg der Religion(en), d.h. Ratzingers Modell »gegenseitiger Reinigung und Heilung« ist irreführend.

Was den ersten Punkt betrifft, so mag man einwenden, der Kardinal habe zum Präpolitischen gar nichts gesagt und sich nur auf das Verhältnis von Vernunft und Glauben bezogen; tatsächlich aber sagt er zu jenen »moralischen Grundlagen« nichts weiter, weil sie für ihn mit den religiösen zusammenfallen. So bleibt er genau bei der Sichtweise, die Habermas kritisiert hatte: Man brauche halt die Religion, damit hienieden nicht alles aus dem Gleis laufe, denn wenn Gott tot ist, sei alles erlaubt. Dass der Mensch ohne Glauben zum Raubtier werde, ist ein uralter Einschüchterungstopos, dem die praktische Philosophie seit Thomas Hobbes den Nachweis entgegensetzte, dass man durchaus ungläubig und doch ein anständiger Mensch sein könne. Gleichwohl wurde noch in unserer Republik als Ersatz für den konfessionellen Religionsunterricht das Fach ›Ethik‹ eingeführt: Nichts gegen Ethik, aber alles gegen die Vorstellung, wenn schon die Religion die Menschen nicht *Mores* lehrt, dann müssten dies eben die Ethiklehrer übernehmen. Abgesehen davon, dass man mit diesem funktionalen Religionsverständnis dem Glauben keinen Gefallen tut, ist darauf zu bestehen, dass in der Moderne die Moral auf eigenen Füßen steht und keiner theologischen Fundierung mehr bedarf. Das gilt auch für die motivationalen Grundlagen, von denen die privaten und öffentlichen Tugenden abhängen; tatsächlich wurden sie in unserer Tradition vom Christentum eingeübt und gepflegt, aber eben nicht von ihm allein, sondern in einer vorpolitischen lebensweltlichen Alltagskultur, deren christliche Prägung in den letzten zwei Jahrhunderten tatsächlich ständig abnahm, ohne dass sie allein deswegen verschwunden wäre. Hier ist der Ort, wo zu Selbstbestimmung, Selbstkritik und Solidarität fähige Individuen heranwachsen, auf die der freiheitliche Staat in seinem Bestehen angewiesen ist, und sie wachsen nicht nur in christlichen Elternhäusern heran. Ähnlich ist es mit der Menschenwürde; auch hier zählen sentimentale Herkunftsargumente nicht. Wenn davon die Rede ist, dann ist zunächst daran zu erinnern, dass die Gottesebenbildlichkeit ein jüdisches Erbe ist, das vom Christentum durch die furchtbare Lehre von der Erbsünde korrumpiert wurde. Ist der Mensch ein geborener Schuldiger, d. h. ein Nichtswürdiger, ist es eben nicht weit her mit der Menschenwürde, und so musste sie von der Neuzeit der Amtstheologie wieder abgetrotzt werden. Dass die Würde des Menschen unantastbar ist, gründet weder in einem göttlichen Gebot noch in der Autorität unserer Überlieferung, sondern in unserer Selbstachtung und gegenseitigen Anerkennung als menschliches Wesen. Beim Vatikan ist die Menschenwürde nicht besser aufgehoben, der noch im 19. Jahrhundert den Humanismus und die Idee der Menschenrechte als ketzerisch verdammt hatte; in der Tat ist die Idee der *humanitas* heidnisch, d. h. stoisch, und das Christentum ist nicht humanistisch, sondern theistisch.

Und wie ist es mit dem vernunftkritischen Potential der Religion? Zunächst ist ›Religion‹ ein Plural; besteht man auf dem Singular, bleibt zunächst nur »das Religiöse« übrig. Für die Vernunftkritik bedeutet das, die Menschen müssten ein Sensorium fürs »Transzendente« ausbilden, um ihrer Endlichkeit und Fehlbarkeit inne zu werden; dann würden sie auch einsehen, dass nicht alles erlaubt ist, was sie können. Natürlich lässt sich Kardinal Ratzinger auf so etwas Abstraktes nicht ein, sondern verweist auf die kulturelle Pluralität der verfassten und gelebten Religionen; nur was folgt daraus? Die tatsächliche Vielfalt der Stimmen ergibt kein homophones Konzert im Widerstand gegen die Exzesse der entfesselten technischen, ökonomischen und strategischen Rationalitäten auf diesem Globus. Zeigen lässt sich dies am Problemkomplex ›Biotechnologie‹. Vom rechten Rand der fundamentalistischen Sekten bis weit in die Mitte der verschiedenen Konfessionen lehnen Christen die Embryonenforschung pauschal ab, weil dies gegen die Menschenwürde verstoße und im Übrigen bedeute, »Gott zu spielen« und dem »Schöpfer ins Handwerk zu pfuschen«; das Oberrabbinat in Jerusalem hingegen hat hier keine Einwände, weil es sich bei Embryonen vor der Nidation noch nicht um Menschen handle, und der Mensch als Gottes Ebenbild gerade dazu aufgerufen sei, die Schöpfung zu pflegen und zu kultivieren. Bei den Zeugen Jehovas ist sogar die Bluttransfusion verboten, während die buddhistischen Koreaner nicht verstehen, was man gegen das therapeutische Klonen von Menschen einwenden könnte: An welche religiöse Tradition sollen sich die Forscher denn halten, wenn es um ›erlaubt‹ oder ›verboten‹ geht? Im Übrigen fragt man sich, wer oder was als Gegenmacht gegen die moderne, institutionell hochgerüstete Rationalität auftreten soll – das ohnmächtige religiöse Bewusstsein oder nicht doch die verschiedenen Vatikane dieser Welt? Wenn es im multikulturellen Stimmengewirr darum geht, die säkulare Vernunft in ihre Grenzen zu verweisen, müssen auch die religiösen Einwände gehört und einbezogen werden, aber es besteht kein Grund, sie gegenüber anderen kritischen Ressourcen zu privilegieren.

Der Widerstand gegen eine »entgleisende Modernisierung« (Habermas) speist sich aus verschiedenen Quellen, oder er findet nicht statt. Aber auch die lebensweltliche Alltagskultur, die jeweils gelebte Moral, die verinnerlichten Formen menschlicher Selbstachtung und Anerkennung bis hin zu den ästhetischen Dispositionen, die uns vieles als verächtlich und widerlich erscheinen lassen, was in anderen Kulturen gang und gäbe ist – z. B. beim Umgang mit Tieren –, all diese präpolitischen Instanzen bedürfen wie die Religion der Kontrolle und Korrektur durch die Vernunft, aber das zweite Glied von Ratzingers Modell gilt nicht: Die Kritik der Vernunft ist vor allem und sogar ausschließlich eine Angelegenheit der Vernunft selber; freilich wäre es unvernünftig, wenn sie bei diesem Geschäft die religiösen Stimmen einfach überhörte.

13. Der Fluch des Christentums

Die sieben Geburtsfehler einer alt gewordenen Weltreligion.
Eine kulturelle Bilanz nach 2000 Jahren

Mit seinem *Mea culpa* hatte der Papst Woityla auf seine Weise Bilanz gezogen; er bat um Vergebung für das, was Christen im christlichen Namen getan haben, hütete sich aber, irgendeine Schuld der Kirche als solcher einzuräumen. In der Perspektive der Kirchenräson ist das verständlich, aber es dient nicht der Wahrheit, denn die Wahrheit ist: Die »sieben Todsünden«, die der Papst nennt, sind nicht *trotz*, sondern *wegen* des Christentums geschehen; die Täter haben dabei nicht gegen dessen Prinzipien verstoßen, sondern nur versucht, sie durchzusetzen. Nicht bloß die Untaten einzelner Christen, sondern das verfasste Christentum selbst als Ideologie, Tradition und Institution lastet als Fluch auf unserer Zivilisation, der bis zu den Katastrophen des 20. Jahrhunderts reicht, während der christliche »Segen« stets von Individuen ausging, die das, was sie Gutes taten, allzu oft gegen den Widerstand der amtskirchlichen Autoritäten durchsetzen mussten. Meine Vermutung ist, dass diese Christen ihre Kraft stets aus den biblischen Beständen bezogen, die gar nicht spezifisch christlich sind, sondern jüdisches Erbe: z. B. das Liebesgebot. Im Folgenden geht es nicht um die grauenvolle Kriminalgeschichte des Christentums; in die Falle »Prinzip vs. Realität« und »Wir sind allzumal Sünder« möchte ich nicht tappen. Deswegen werde ich stattdessen im Gegenzug zu den »sieben Todsünden« des Papstes auf sieben Geburtsfehler des Christentums verweisen, die es gar nicht beheben kann, weil dies bedeutete, sich selbst aufzuheben. Vielleicht aber ist diese Selbstaufgabe der letzte segensreiche Dienst, den das Christentum unserer Kultur nach 2000 Jahren zu leisten vermöchte; wir könnten es dann im Frieden ziehen lassen.

Die Erbsünde

Wie das Christentum als Theologie ist auch die Erbsünde eine Erfindung von Paulus: »Derhalben, wie durch einen Menschen die Sünde ist gekommen in die Welt und der Tod durch die Sünde, und ist also der Tod zu allen Menschen durchgedrungen, dieweil sie alle gesündigt haben.« (Röm. 5, 12) In der Tat ist auch Genesis 2, 17 zufolge der Tod »der Sünde Sold« (Römer 6, 23), denn Gott sprach: »… aber von dem Baum der Erkenntnis des Guten und Bösen sollst du nicht essen; denn welches Tages du davon issest, wirst du des Todes sterben«, und nach dem Sündenfall heißt es: »Im Schweiße deines Angesichts sollst du dein Brot essen, bis dass du wieder zu Erde werdest, davon du genommen bist. Denn du bist Erde und sollst zu Erde werden.« (1. Mose 3, 19) Das alte Testament kennt somit den Tod aller Menschen nur als Erbschaft der Sünde Adams. Aus diesem »Erbtod« macht Paulus in einem kühnen Umkehrschluss die Erbsünde; das Argument lautet: Wenn die Sünde den Tod zur Folge hat, muss dort, wo gestorben wird, auch Sünde gewesen sein, für die der Tod die Strafe ist; also sind alle Nachkommen Adams allein deswegen, weil sie als Sterbliche geboren worden sind, geborene Sünder – unabhängig von ihren Taten. Daraus ergibt sich die paulinische Botschaft der Rechtfertigung durch den Glauben, auf die sich in unseren Tagen Katholiken und Protestanten in einem gigantischen Formelkompromiss erneut geeinigt haben. Eine solche Nachricht ist aber kein Trost, sondern eine Provokation für alle, die sich weigern, den paulinischen Zusammenhang zwischen Tod und Sünde anzuerkennen: Warum sollte ich mich bloß deswegen, weil ich sterblich bin, für schuldig halten? Wer sich nur durch den Glauben für gerechtfertigt hält, ist bereit, sich um Adams willen oder besser grundlos beschuldigen zu lassen und dann als bloß Begnadigter weiterzuleben. Überdies kann der christliche Begnadigte seiner Gnade niemals sicher sein, wie uns die Lehre von der Prädestination versichert. Deren Funktion ist es freilich, die Rechtfertigung durch den Glauben nicht selbst als einen Rechtsanspruch darzustellen, aber was ist das für eine Gerechtigkeit, die die einen Erbsünder zum Heil und die anderen zur Verdammnis vorherbestimmt? An dieser Stelle verbietet uns das Christentum den Mund: »Ja, lieber Mensch, wer bist du denn, dass du mit Gott rechten willst?« (Röm., 9, 20)

Was die Lehre von der Erbsünde anthropologisch bedeutet, liegt auf der Hand: Sie ist menschenverachtend. Der Mensch, wie er geht und steht, ist verblendet, wenn er sich nicht für »verderbt« und für unfähig zum Guten hält. Dass die Ideen der Menschenwürde und der Menschenrechte christliche Wurzeln hätten, ist ein verbreitetes und gern geglaubtes Märchen. Die Idee der *humanitas* stammt aus der Stoa, und die Figur des aufrechten Ganges des Menschen vor Gott ist ein jüdisches Erbe, das das paulinische Christentum korrumpiert und verschleudert hat. Der fromme Jude spricht sich selbstverständlich die prinzipielle Fähigkeit zu, »gerecht«, d. h. dem göttlichen Gesetz gemäß zu leben; er kennt keine Erbsünde, sondern nur die Sünden, die er selbst begangen hat, und für die existiert auch Vergebung. Diese jüdische Überzeugung trifft der ganze Hass und die ganze Verachtung des Neuen Testaments; Paulus zufolge gibt es vor Gott keine Gerechten, und die, die sich dafür halten, sind Pharisäer – ein Schimpfwort bis heute. Dem fügt er dann auch noch die Propagandaphrase vom Leiden der Juden unter dem Gesetz hinzu, die bis heute die Judenmission rechtfertigen soll; es gilt ihm als »Fluch« und als »Zuchtmeister ... auf Christum« (Galater 3, 13 und 24). In Wahrheit ist für die frommen Juden das Gesetz selbst göttliche Gnade; wie könnten sie sonst jährlich das Fest der Gesetzesfreude feiern?

Die Lehre von der Erbsünde und ihr Gegenstück, die These von der Gerechtigkeit allein durch den Glauben, haben dazu geführt, dass das jüdische Motiv der Würde eines jeden Menschen als Gottes Ebenbild und die stoische Idee der Menschenrechte im Christentum nur in verstümmelter und dadurch pervertierter Gestalt festgehalten wurden. Das Resultat ist die christliche Lehre vom relativen Naturrecht: Menschenwürde und Menschenrechte existieren im Christentum nur für Glaubende als von Gott Begnadigte, und wer dazugehört, darüber entscheidet die Kirche: *Extra ecclesia nulla salus.* So ist es kein Zufall und erst recht kein historischer Unfall, wie der Papst glauben machen möchte, dass seit jeher für die Christen die Heiden bis zu ihrer Taufe keine Menschen waren und auch nicht so behandelt werden mussten. (Noch im 20. Jahrhundert war im christlichen Australien das Abschießen von Aborigines straffrei.) In den christlichen Staaten konnten naturrechtliche Ansprüche stets mit dem Hinweis auf den »Sündenstand« der Betroffenen abgewiesen werden. So musste die Aufklärung die Idee des nichtrelativen Naturrechts gegen den erbitterten Widerstand der Amtskirche beider Konfessionen durchsetzen, denn es ließ sich nur als säkulares durchsetzen. Es galt dabei vor allem, die Lehre von der Erbsünde samt ihren fatalen Implikationen zu neutralisieren. Dass auch heute noch immer wieder auf die Verdienste des Christentums für die Ideen der Menschenwürde und Menschenrechte verwiesen wird, so als hätte hier etwas vorgelegen, was nur zu säkularisieren gewesen wäre, ist in Wahrheit bittere Ironie: Das jüdische und stoische Erbe musste der christlichen Tradition erneut abgetrotzt werden, und es gibt keinen Grund für Christen, darauf auch noch stolz zu sein.

Die Rechtfertigung als blutiger Rechtshandel

Die ursprüngliche Botschaft der ersten Christen lautete: »Er ist auferstanden.« Welchen Sinn hatte dann seine Kreuzigung? Die Auskunft des Paulus lautet: »Wie nun durch eines Sünde die Verdammnis über alle Menschen gekommen ist, also ist auch durch eines Gerechtigkeit die Rechtfertigung des Lebens über alle Menschen gekommen.« (Röm. 5, 18) Die Gerechtigkeit dieses Einen aber ist für das ganze Neue Testament keine andere als die des leidenden Gottesknechts nach Jesaja 53, 4 ff., der sich wie ein »Lamm« zur »Schlachtbank« (10) führen lässt und sein Leben zum »Schuldopfer« (ebd.) hingibt. Das Christentum fasst die Erlösung von der Erbsünde im Sinne des alten jüdischen Sühnerituals, in dem ein unschuldiges Schaf zum »Sündenbock« gemacht wird, als das Sühnopfer eines unschuldig Gekreuzigten, der »unsere Sünden … hinaufgetragen hat an seinem Leibe auf das Holz«. (1. Petr., 3, 24) Wenn das die ganze Wahrheit vom »Lamm Gottes« wäre, dann genügte Dankbarkeit, um einen zum Christsein zu veranlassen, aber uns wird gesagt: Dieser unschuldig Geopferte war nicht irgendwer, sondern der Sohn Gottes; das Lamm Gottes war selbst Gott. Somit hat Gott dieses Sühnopfer mit sich selbst veranstaltet, denn »Gott war in Christo und versöhnte die Welt mit ihm selbst … Denn er hat den, der von keiner Sünde wusste, für uns zur Sünde gemacht, auf dass wir würden in ihm die Gerechtigkeit, die vor Gott gilt.« (2. Kor. 5, 19 und 21) Diese Selbstversöhnung Gottes erscheint zudem als ein Rechtshandel, in dem Gott zugleich Gläubiger und Vertreter der Schuldner ist; die Währung ist Blut: »Ihr seid teuer erkauft« (1. Kor. 6, 20); »… nicht mit vergänglichem Silber oder Gold …, sondern mit dem teuren Blut Christi als eines unschuldigen und unbefleckten Lammes.« (1. Petr., 1, 18 f.) Angesichts dieses unbegreiflichen Szenariums möchte man fragen, warum der christliche Gott nicht unter denselben Bedingungen vergeben kann wie der jüdische Gott am Jom-Kippur-Fest, und dies vielleicht auch ohne Opferlamm.

»Das Blut Jesu Christi … macht uns rein von aller Sünde« (1. Johannes 1, 7) – im deutschen Pietismus und seinen Liedern wurden daraus wahre Blutorgien, in denen unentwegt mit Blut gewaschen wird, aber abgesehen von der Frage, ob Blut ein geeignetes Reinigungsmittel sei, mag das als schlechter Geschmack hingehen. Seit dem späten Mittelalter bis ins 19. Jahrhundert aber ist die christliche Ikonographie eine Welt von »Blut und Wunden«. Die Maler und Bildner können sich gar nicht genug tun in der möglichst grausigen Darstellung der physischen Leiden Christi und der unzähligen Märtyrer – so als suchten sie sich darin ständig gegenseitig zu übertreffen. Warum hängt ein sterbender Gehenkter in allen Kirchen und bayrischen Schulstuben und nicht ein Auferstandener? Warum genügt nicht ein Kreuz als das paradoxale Zeichen der Einheit von Niederlage und Sieg, von Erniedrigung und Erhöhung, d. h. wieso müssen christliche Kinder vom ersten Schultag an vor Augen haben, was Kreuzigung physisch bedeutet? Der Grund ist: Das Christentum kann sich Glaube-Liebe-Hoffnung nicht ohne Blut vorstellen; je blutiger, desto authentischer; woher nähme sonst der von zahlreichen Pfeilen durchbohrte Heilige Sebastian seinen verklärten Blick? Was wäre schon ein siegreicher gegenüber dem gegeißelten Jesus in der Wieskirche? Sicher wäre es überzogen, diese Bilderwelt mit den Gewaltvideos unserer Tage zu vergleichen; die Vermutung aber, dies alles habe auch der mentalen Vorbereitung auf die Grausamkeiten im Namen Christi gedient, lässt sich nur schwer abweisen. Die antike Rechtspraxis der Folter wurde schließlich von Papst Innozenz III. im 11. Jahrhundert in Europa wieder eingeführt und erlebte durch die Heilige Inquisition ihre perfide Vollendung. Was waren da schon die Leiden der Gefolterten gegenüber den in den Kirchen dargestellten, wobei es sich ja zudem einmal um Verdächtige und zum anderen um Heilige handelte? Wo immer realistischere Kruzifixe zum optischen Alltag der Städte gehörten, konnten Geräderte vor den Toren langsam verenden, ohne besonders zu irritieren. Es ist nicht bekannt, dass das verfasste Christentum führend gewesen sei bei der Humanisierung der Strafjustiz seit dem späten 18. Jahrhundert; die letzte Schauhinrichtung in Europa veranlasste Papst Leo XII. 1825 in Rom.

Waren die Passionsgeschichte und die Märtyrerlegenden nicht außerdem die beste Einübung in die christliche Behandlung der Heiden und Ketzer? Immer noch wird uns zugemutet zu glauben, der Beitrag des Christentums zu unserer Kultur habe vor allem in der Humanisierung der heidnischen Menschen bestanden. Diese Fabel bestimmte auch über Jahrhunderte die Vorstellung christlicher Erziehung als einer Zähmung der als Sünder geborenen kleinen Wilden und musste überdies zur Rechtfertigung

158

des Kolonialismus herhalten. In Wahrheit ist nicht bekannt, dass Kelten, Germanen oder Slawen Gräuel vom Ausmaß des Massenmords Karls des Großen an den Sachsen, des Blutbads bei der Eroberung Jerusalems während der Kreuzzüge, des Strafgerichts über die Katharer oder der Untaten der südamerikanischen Eroberer begangen hätten; wenn das alles die Domestikation der »blonden Bestie« bezeugen soll, dann bezeugt es deren Misslingen. Tatsächlich stammen die Ritterlichkeit der Ritter aus der islamischen Welt und die Höflichkeit der Höflinge, d. h. des Adels und des aufsteigenden Bürgertums, aus der Wiederaneignung der Antike in der Renaissance. *Hier* liegen die Wurzeln des Humanismus, dem noch zu Beginn des 20. Jahrhunderts alle katholischen Amtsträger im sogenannten Anti-Modernismus-Eid abschwören mussten. Das zeigt: Nicht nur den Menschenrechten ohne die Kautelen der Erbsünde, sondern auch der Menschlichkeit als Prinzip, unabhängig von irgendwelchen theologischen Vorbehalten, setzte das Christentum oft tödliche Widerstände entgegen; die Geschichte der Märtyrer des Humanismus ist wohl noch zu schreiben.

Der Missionsbefehl

Was im Christentum dem humanistischen Respekt vor dem natürlichen Menschen von allem Anfang an entgegenstand, war der Missionsbefehl. Im Markus-Evangelium hatte es noch geheißen: »Gehet hin in alle Welt und prediget das Evangelium aller Kreatur. Wer da glaubet und getauft wird, der wird selig werden; wer aber nicht glaubet, der wird verdammt werden.« (Markus 16, 15 f.) Hier bleibt die Entscheidung über Seligkeit und Verdammnis immerhin den Hörern überlassen; das spätere Matthäus-Evangelium hingegen sagt: »Mir ist gegeben alle Gewalt im Himmel und auf Erden. Darum gehet hin und machet zu Jüngern alle Völker, indem ihr sie taufet im Namen des Vaters, des Sohnes und des heiligen Geistes, und lehret sie halten alles, was ich euch befohlen habe.« (Matthäus 28, 19f.) Hier werden die »Völker« nicht gefragt, ob sie getauft und zu Jüngern gemacht werden wollen, sondern die Taufenden dürfen sich als Vollstrecker »aller Gewalt im Himmel und auf Erden« verstehen; die vielen Zwangstaufen in der christlichen Missionsgeschichte sind dafür der Beleg. Der Missionsbefehl ist zugleich ein Toleranzverbot, denn was anders ist als christlich, ist nur dazu da, getauft zu werden; unüberwindbare Widerstände gelten dabei als Vorboten der Verdammnis, von der Markus redet, und die dann die Missionsmächte nur allzu gern schon im Vorgriff vollstreckten. Von Duldsamkeit gegenüber den anderen brauchte freilich so lange keine Rede zu sein, wie die missionierenden Christen selbst eine häufig verfolgte und geduldete Minderheit in einer heidnischen Umwelt waren; in der Perspektive einer Kultur hingegen, die sich längst als christliche etabliert hat, bedeutet das Missionsgebot den Auftrag zur Ausrottung des Heidentums weltweit, d.h. die theologische Ermächtigung zum christlichen Kulturimperialismus. Dass die Missionare selbst zunächst friedliche Mittel bevorzugten, kann man zugeben, aber sie hatten auch nichts dagegen, wenn nach ihnen die Händler und dann die Kanonenboote kamen. (Wie Beispiele aus Brasilien zeigen, kommen heutzutage erst die dollargespickten Missionare der fundamentalistischen Sekten und dann die Ölmultis.) Die Genugtuung darüber, dass zumindest Japan die Kraft fand, sich nach hundert Jahren der Jesuiten zu entledigen, die sich wie üblich in die Politik eingemischt hatten, wird freilich dadurch getrübt, dass dies mit einer außerordentlich grausamen Christenverfolgung verbunden war; aber warum sollten die in Religionsdingen außerordentlich toleranten Japaner ausgerechnet gegenüber dem prinzipiell intoleranten Christentum tolerant sein? Das Judentum ist insofern tolerant, als es nicht missioniert, und der Islam hat trotz seines Missionsdranges immer die beiden Schriftreligionen Juden- und Christentum respektiert; so blühte die jüdische Kultur unter moslemischer Herrschaft, und die orthodoxen Völker konnten im Osmanischen Reich immerhin im kirchlichen Raum ihre kulturelle Identität bewahren. Religiöse Toleranz ist keine christliche Tugend, denn sie verstößt gegen den Missionsbefehl. Das kirchliche Misstrauen gegen Lessings ›Nathan‹ war wohlbegründet, denn die Möglichkeit einzuräumen, dass die Juden oder die Muslime den echten Ring besitzen könnten und nicht die Christen, bedeutete den Einbruch der Skepsis in die kirchenoffizielle Glaubensgewissheit der einen und einzigen Wahrheit. Wo das Christentum tolerant wird, hat es sich in Wahrheit schon aufgegeben, auch wenn es dann noch als Privatangelegenheit fortlebt oder als eine moralische Grundhaltung, zu deren Begründung die Bibel entbehrlich ist.

Der christliche Antijudaismus

Die christliche Judenfeindschaft hat ihre biblische Wurzel in den Evangelien, während im Umkreis von Paulus davon kaum die Rede ist. Sie ist ursprünglich eine innerjüdische Angelegenheit, denn die Evangelisten sammeln frühestens drei Jahrzehnte nach dem Tod Jesu judenchristliche Berichte über dessen Leben und Sterben, und die kommen darin überein, die Hohenpriester und Schriftgelehrten sowie das von ihnen angestachelte »Volk« für die Kreuzigung verantwortlich zu machen. Es sind also zunächst getaufte Juden, die andere Juden anklagen, den wahren Messias verkannt und ermordet zu haben. Während es Markus und Lukas bei der Beschuldigung des orthodoxen Judentums belassen, geht Matthäus zum christlichen Antijudaismus über. Was heute noch jeden christlichen Hörer von Bachs Matthäuspassion erstarren lassen sollte, ist das, was das »ganze Volk« dem Pilatus antwortet, als der seine Hände in Unschuld wäscht und sagt: »Ich bin unschuldig an dem Blut dieses Gerechten!«: »Sein Blut komme über uns und unsere Kinder!« Geschrieben ist dies nach der Eroberung und Zerstörung Jerusalems durch die Römer im Jahre 70, und dieses Ereignis gilt dem frommen Evangelisten als Erfüllung jenes unfrommen Wunsches; zuvor hatte er Jesus die Katastrophe des palästinensischen

Judentums ausführlich prophezeien lassen (vgl. Matthäus 23 und 24). Es handelt sich hier um eine der zahlreichen Varianten des Schemas »Verheißung–Erfüllung«, mit denen das Matthäus-Evangelium seinen Judengenossen das Christentum nahebringen wollte. Was den Juden in Jerusalem von den Römern geschah, erscheint hier als gerechte Folge der Selbstverfluchung eines ganzen Volkes, durch die es nach Matthäus die Schuld am Tode Jesu ausdrücklich auf sich genommen haben soll, und die wirkt nach traditionell-christlicher Überzeugung über den Untergang Jerusalems hinaus fort in alle Ewigkeit. Also nicht bloß der Bericht aller Evangelien, dass Juden die Kreuzigung betrieben hätten – Johannes spricht an dieser Stelle nur noch von »den« Juden –, ist schon ein hinreichendes Motiv der christlichen Judenfeindschaft; die ließ sich immer mit dem simplen Argument, dass Jesus und seine Jünger selber Juden waren, zurückweisen. Erst die Behauptung, »die« Juden hätten doch selbst das Blut Jesu heraufbeschworen, vermochte den christlichen Judenverfolgungen ein gutes Gewissen zu verschaffen. So zieht sich von jener Blut-Stelle des Matthäus eine Blutspur über die ungezählten Judenpogrome im christlichen Europa bis hin zum rassistischen Antisemitismus als dem säkularen Erbe des religiösen Antijudaismus. Der Holocaust war ohne das Christentum nicht möglich, viele Christen haben sich daran ohne schlechtes Gewissen beteiligt, und die katholische Kirche hat dazu geschwiegen; zu diesem Schweigen schweigt der Papst bis heute.

Die christliche Eschatologie

Das wohl schrecklichste Erbe des Neuen Testaments ist die sogenannte Offenbarung des Johannes, die alle Ansätze christlicher Eschatologie im Neuen Testament zusammenführt, systematisiert und dramatisiert. Nichts hat seit zwei Jahrtausenden die Menschen des Abendlandes so kontinuierlich in Angst und Schrecken versetzt wie dieses Buch. Fast jedes Kathedralportal und viele Tafelbilder bezeugen dies, vor allem aber das uralte *Dies irae* aus der Totenmesse, in dem die ausführliche Schilderung des Grauens der Apokalypse nur unterbrochen wird durch das wimmernde Flehen um Erbarmen. Unzählige Menschen haben durch die Jahrhunderte im Schatten dieser Panikvisionen gelebt, bei denen sich ein unbefangener Zeitgenosse sicher fragen dürfte, ob sie auf Schizophrenie oder auf perfide Propaganda zurückzuführen sind. Die wissenschaftliche Auskunft, Apokalypsen seien um die Zeitenwende eine ziemlich verbreitete Literaturgattung gewesen, und schließlich habe auch schon seit Jesaja und Daniel eine jüdische Eschatologie existiert, vermag nichts gegen die katastrophale Wirkungsgeschichte des letzten Buches der Bibel. (Anstatt jahrzehntelang über die Rechtfertigungslehre zu debattieren, hätten sich die Kirchen besser darüber einigen sollen, die Apokalypse des Johannes aus dem Kanon zu entfernen.)

Zwischen der jüdischen und der christlichen Eschatologie bestehen wichtige Unterschiede. Die Messiashoffnung der Propheten ist in ihrem Kern eine politische und bezieht sich bei Jesaja auf die Wiederaufrichtung des Reiches Davids. Trotz des Transports dieses Motivs ins Weltgeschichtliche bleibt es auch bei Daniel beim Ethnozentrismus: »… das Reich, Gewalt und Macht unter dem ganzen Himmel wird dem heiligen Volk des Höchsten gegeben werden, des Reich ewig ist, und alle Gewalt wird ihm dienen und gehorchen.« (Daniel 7, 27) Zugleich fließt hier schon das altägyptische und platonische Motiv eines Totengerichts auf der Grundlage von »Büchern« mit ein, das sich aber auf ganze Völker bezieht (vgl. Daniel 7, 10 und 24 ff.). Genau dies greift die christliche Apokalypse auf (Offenbarung 20, 11 ff.), aber um es sofort zu individualisieren, d. h. die ganze Bürde des »Jüngsten Gerichts« lastet jetzt auf jedem Einzelmenschen, der sich dabei dem »feurigen Pfuhl« (V. 15) als künftiger Alternative ausgesetzt sieht. Damit erzeugt die christliche Apokalypse einen ungeheuer verstärkten eschatologischen Druck, dem sich niemand dadurch entziehen kann, dass er meint, der »feurige Pfuhl« drohe nur den Nichtchristen; die Prädestinationslehre verbietet jede endgültige Heilsgewissheit. So hat sich hier das Christentum ein Instrumentarium unablässiger Verunsicherung und Disziplinierung der »eigenen Leute« geschaffen, durch das es ständig den Ausweg aus von ihm selbst erzeugten Ängsten verheißt, um die im gleichen Atemzug wieder erneut zu schüren; jede Feier des *Requiem* folgt diesem Mechanismus. Nur so ist zu erklären, warum sich so viele Menschen über so viele Jahrhunderte von der Offenbarung des Johannes terrorisieren ließen.

Die christliche Eschatologie hat auch politisch gewirkt – in der Gestalt eschatologischer Politik von Christen und Nichtchristen. Immer wieder haben Sektenführer versucht, selbst die Apokalypse herbeizuzwingen und zu vollstrecken, und Tausende sind ihnen dabei in den Tod gefolgt; die Ahnenreihe reicht von mittelalterlichen Sektierern über Savonarola und die Täufer bis zu den religiös motivierten kollektiven Selbstmorden unserer Tage. Die Zahl der Opfer eschatologischer Politik unter Bedingungen der Profanität hingegen geht in die Millionen; dabei handelt es sich um Versuche, den endgültigen Sieg des Guten und die definitive Vernichtung des Bösen Gott aus der Hand zu nehmen und mit menschlichen Mitteln zu erreichen. Die unvermeidbare Konsequenz ist Terror. Natürlich macht es keinen Sinn, den »Seher von Patmos« für die apokalyptischen Untaten Lenins, Stalins, Pol Pots oder Hitlers verantwortlich zu machen, aber die Christen sollten sich doch fragen, wie sie es mit der Eschatologie halten wollen: Liegt nicht in der Verheißung: »Gott wird abwischen alle Tränen von ihren Augen, und der Tod wird nicht mehr sein, noch Leid noch Geschrei noch Schmerz wird mehr sein; denn das Erste ist vergangen« (Offenbarung 20, 4) eine ständige Versuchung, hier Gott durch einen modernen Götzen zu ersetzen – gemäß Blochs Diktum »Ubi Lenin ibi Jerusalem« – und dann die Preise zu verschweigen, die solche Ziele notwendig kosten? In der Bibel haben die in den »feurigen Pfuhl« geworfenen Gottlosen die Zeche zu zahlen; nach dem Abschied von der Religion waren die an der Reihe, die im Zeichen von »Endlösungen« die Hölle auf Erden durchleiden mussten.

Wäre es da nicht besser, und vor allem christlicher, sich endgültig von der Eschatologie zu verabschieden oder sie zumindest unter das biblische Bilderverbot zu stellen?

Der Import des Platonismus

Ein besonders folgenreicher Geburtsfehler des Christentums ist der Import des Platonismus, der durch die Anstrengungen der Apologeten und Kirchenväter erfolgte, ihren Glauben der hellenistischen Welt als die überlegene Philosophie zu präsentieren; darauf vor allem bezog sich der »Antichrist« Nietzsche, als er das Christentum verfluchte. Das Resultat war eine ontologische Aufspaltung der Wirklichkeit in Diesseits und Jenseits sowie der Leib-Seele-Dualismus. Beide Denkmodelle, die Platon in neuplatonischer Vermittlung repräsentieren, bestimmen das christliche Denken bis heute, obwohl sie in Wahrheit mit dem Kernbestand des Alten und Neuen Testaments unvereinbar sind.

Im jüdischen Denken gibt es zunächst nur das Diesseits, d. h. die Gegenwart und ihre Vorgeschichte; es kennt ursprünglich auch kein Leben nach dem Tod, denn die Verheißungen Gottes beziehen sich noch bei Hiob nur auf das irdische Leben und die Nachkommen. Durch die prophetische Eschatologie kommt dann ein Jenseits hinzu, aber das verhält sich zum Diesseits wie die Zukunft zur Gegenwart. Dem Christentum zufolge ist zwar dieses Zukünftige schon erschienen – als der paradoxe Messias am Kreuz –, aber es wird wiederkommen in der Parusie Christi als Weltenherrscher. Die Frage, wo sich Christus in der Zwischenzeit aufhält, wird im Neuen Testament und im kirchlichen Credo mit dem Verweis auf den »Himmel«, d. h. auf ein höheres Stockwerk der einen Wirklichkeit beantwortet, zu dem Jesus hinaufgefahren sei und von dem er wieder herabkommen werde; zuvor sei er »hinabgestiegen in das Reich der Toten«, also ins Kellergeschoss. Im Zuge der Hellenisierung des Christentums aber, die freilich schon in den späten

Schriften des Neuen Testaments einsetzt, wird aus jener Ebenendifferenz von Diesseits und Jenseits eine Artdifferenz, d. h. beide Sphären sollen sich nunmehr wie Platons reale und ideale Welt zueinander verhalten. So entstanden auch im christlichen Platonismus die Ontologie der »Hinterwelt« und die Tendenz zur Verleumdung des Diesseits, die Nietzsches langen Zorn auf sich zog. Beide Arten der Unterscheidung zwischen Diesseits und Jenseits, die topologische und die ontologische, haben im Christentum stets in einem niemals wirklich ausgetragenen Konflikt gelegen: wenn das Nizänum Gott den »Schöpfer des Himmels und der Erde, alles Sichtbaren und Unsichtbaren« nennt, konnte man unter dem Unsichtbaren stets sowohl eine geographisch höhere und deswegen unseren Augen entzogene Sphäre der einen von Gott geschaffenen Wirklichkeit verstehen oder den platonischen *kósmos noetós* – die bloß denkbare Welt. Die Entwicklung der Kosmologie in der Neuzeit hat aber das topologische Modell vollends unglaubwürdig werden lassen, obwohl die Christen in aller Welt in der Deklamation des Credo immer noch an ihm festhalten; damit blieb nur der platonische Ausweg, d. h. die Spiritualisierung des Jenseits, wenn man an ihm festhalten wollte. Wo sollte man auch hin mit einer Utopie, die schon »erschienen« ist? Das Nirgendwo muss dann doch irgendwo sein, und wenn es nicht »oben« ist, dann kann es nur »im Geiste« existieren. Damit aber wurde die geistige Welt zur angeblich einzig wahren »umgelogen« (Nietzsche). Das Unheil der christlich-platonischen Diesseits-Jenseits-Unterscheidung besteht darin, dass durch sie die reale Welt, d. h. die einzige Wirklichkeit, die es wirklich gibt, zum bloßen Schein herabgesetzt und damit auch normativ entwertet wurde. Die neuzeitliche Aufklärung war wesentlich bestimmt durch die Idee der Rehabilitierung der wirklichen Wirklichkeit. Ihr Motiv war stets auch ein politisches: Die kirchlichen Anwälte des Jenseits sollten nicht länger das, was es wirklich gibt, für ihre Machtzwecke instrumentalisieren dürfen; mit der Zwei-Reiche-Lehre und dem »Es wird euch im Himmel wohl belohnt werden« als Herrschaftslegitimation sollte endlich

Schluss sein. Am Ende dieses Prozesses zeichnet Nietzsche nach, »wie die ›wahre Welt‹ endlich zur Fabel wurde«, und triumphiert: »… mit der wahren Welt haben wir auch die scheinbare abgeschafft.«

Der Import des Platonismus führte im Christentum aber nicht nur zur Denunziation der Realität, sondern zu einer dualistischen Anthropologie, die in unserer Kultur noch viel fatalere Konsequenzen zeitigte als der ontologische Platonismus. Das »Menschenbild« des Judentums und der frühen Christen ist monistisch; was Luther mit »Seele« übersetzt, ist die Lebendigkeit des Geschöpfs ›Mensch‹, von Gott gemacht »aus einem Erdenkloß« und verlebendigt durch das Einblasen des »lebendigen Odem« in seine Nase. (1. Mose 2, 7) (Diese Seelenvorstellung kommt übrigens mit der aristotelischen ziemlich genau überein.) In diesem Sinne lehren die Apostel die »Auferstehung des Fleisches«, d. h. des ganzen Menschen; selbst im Credo ist nur (wie schon bei Daniel) von der Auferstehung der Toten die Rede, aber nicht von der Unsterblichkeit der Seele, die den platonischen Leib-Seele-Dualismus voraussetzt. (Selbst wenn Paulus ständig »Fleisch« und »Geist« unterscheidet [z. B. Römer 8), sind damit nicht zwei verschiedene Substanzen gemeint, sondern zwei Weisen zu »wandeln«, d. h. Lebensweisen.] Gleichwohl wurde diese unbiblische Gedankenfigur im Christentum zu einer kulturellen Selbstverständlichkeit; selbst wenn man einmal von dem Horror des Fegefeuers und seinen unheiligen Implikationen im Ablasswesen absieht, waren die Konsequenzen ziemlich verheerend. Der christliche Platonismus bedeutete nicht nur im Kosmos, sondern auch im Menschen die normative Herabsetzung der Wirklichkeit, d. h. seiner Leiblichkeit. (Die Philosophen des 20. Jahrhunderts haben uns endgültig darüber belehrt, dass auch unsere »Geistigkeit« leiblich ist; insofern gibt es für uns keine andere Wirklichkeit als die leibliche.) Das Ergebnis ist die systematische Leibfeindlichkeit der christlichen Tradition, die sich besonders in der repressiven Sexualmoral der Kirchen bis in unsere Tage forterbte. Natürlich predigt schon Paulus asketische Ideale, aber die stehen bei ihm noch ganz im Kontext der Naherwartung der Wiederkehr Christi (vgl. 1. Korinther 7); sonst hätten sie dem Juden Paulus ganz ferngelegen. Das Judentum kennt keine Leibfeindschaft; gutes Leben und erfüllte Sexualität sind da gute Gaben Gottes, für die Gott freilich auch eine gute Ordnung erlassen hat. Erst der Import des Platonismus hat im Christentum die menschliche Leiblichkeit vergiftet. Das Eunuchentum für das Himmelreich wurde in der Selbstverstümmelung des Heiligen Hieronymus grausige Wirklichkeit; da ist es bemerkenswert, dass der letzte Kastrat Europas in den Diensten des Papstes stand, und es existiert von ihm sogar noch eine Schallplatte. Ansonsten lebt diese Lebensform im Zölibat fort, in dessen Geschichte die kirchenpolitische Verhinderung priesterlicher Dynastiebildung allmählich zu einem besonderen geistlichen Gut umfunktioniert wurde. Es wird immer wieder behauptet, die Frauen seien durch das Christentum aufgewertet worden, und das ist wohl wahr, was den Umgang von Jesus mit ihnen betrifft in einer Welt, in der Religion Männersache war. Aber welche Verachtung der Weiblichkeit liegt im Mythos der Jungfrauengeburt, so als seien Empfängnis, Geburt und überhaupt weibliche Sexualität etwas Schmutziges und des »reinen« Gottessohnes Unwürdiges. In diesem Sinne hat das Christentum das Weibliche nur als das Jungfräuliche und deswegen »Reine« zu schätzen gelehrt; in Wahrheit ist der katholische Marienkult eine Beleidigung für jede erwachsene Frau. Neben der katholischen Sexualmoral, die in der Frage der Geburtenregelung längst in blanken Zynismus übergegangen ist, sollten wir aber die pietistische nicht vergessen, die sich ohne institutionelle Außenstützen wie Beichte und Absolution in ungleich effektiverer Weise ins Innere der Menschen einbohrte und viele zu psychischen Krüppeln machte; die platonische Leib-Seele-Schizophrenie ging da tatsächlich in manifeste Krankheit über.

Oben war von der besonderen Bedeutung des Matthäus-Evangeliums für den christlichen Antijudaismus die Rede; es ist überdies ein bemerkenswertes Beispiel für den Umgang der frühen Christenheit mit der historischen Wahrheit, denn der Bericht von der Selbstverwünschung der Juden ist ja nicht die einzige strategische Erfindung, die sich im Neuen Testament findet. Unter den Evangelien tut sich dabei das Matthäus-Evangelium besonders hervor; ihm ist fast jedes Mittel recht, den Judengenossen Jesus als den wahren Messias vor Augen zu stellen. Zu diesem Zweck wird das Alte Testament geplündert, und was sich dort in irgendeiner Weise als messianische Verheißung auffassen lässt, wird dann in der Biographie Jesu als erfüllt behauptet – nach dem Schema: »Auf dass erfüllet werde die Schrift …«. So wurde Jesus wegen Micha 5, 1 in Bethlehem geboren, wegen 4. Mose 24, 17 musste da ein Stern aufgehen, wegen Psalm 72, 10 und 15 und Jesaja 60, 6 mussten die Weisen aus dem Morgenland kommen, und wegen Hosea 11, 1 musste die Heilige Familie nach Ägypten geflohen sein. Jeremia 31, 15 ist die *raison d'être* des Bethlehemitischen Kindermordes – eines unfassbaren Ereignisses, dessen sich nach zwei Generationen die Zeitgenossen bestimmt noch erinnert hätten, handelte es sich dabei nicht um eine dreiste Fiktion. Dass der sterbende Jesus Worte des Alten Testaments zitiert habe, könnte wahr sein, aber dass in seiner Sterbestunde der Vorhang im Tempel zerrissen sei, die Erde gebebt habe und Tote den Lebenden erschienen seien (Matthäus 27, 51 ff.), dafür gäbe es ganz sicher unabhängige Zeugen, wäre dies nicht auch eine Legende. Die Lust zum Fabulieren steigert sich im Laufe der Entwicklung der Evangelien bis hin zur kunstvollen Komposition langatmiger Jesuspredigten und -gebete im Johannesevangelium, in denen freilich auch überlieferte Jesusworte variiert werden. Das Ganze verliert dort aber endgültig seine Unschuld: »… sondern der Kriegsknechte einer öffnete seine Seite mit einem Speer, und alsbald ging Blut und Wasser heraus. Und

169

der das gesehen hat, der hat es bezeugt, und sein Zeugnis ist wahr; und dieser weiß, dass er die Wahrheit sagt, auf dass ihr glaubet.« (Johannes 19, 34f.) Hier wird absichtlich und zweckrational, d. h. in der Reflexion auf ein gestecktes Ziel gelogen: Es wird etwas berichtet als eine weitere Erfüllung alttestamentlicher Verheißungen mit der ausdrücklichen Beteuerung der Wahrheit, die im Fall der schlichten Wahrheit entbehrlich wäre.

Bestimmte Neutestamentler werfen einem an dieser Stelle Naivität und unhistorisches Denken vor; wir sollen also so unnaiv sein zu glauben, die Evangelisten hätten eben ein naives Verhältnis zur historischen Wahrheit gehabt. Darauf sei es ihnen gar nicht angekommen, sondern sie hätten überlieferte Jesusworte aufgenommen und daran Wundergeschichten angelagert – etwa den Großen Fischzug beim Wort von den »Menschenfischern« (vgl. Lukas 5, 1 ff.) – und Wunder seien damals ohnehin nichts Besonderes gewesen; was hätten sie denn sonst predigen sollen als eben Worte des Alten Testaments? Dazu ist zu sagen: Gerade das Lukas-Evangelium bemüht sich um eine Lokalisierung des Jesus-Geschehens in der profanen Geschichte, und es widerspricht der Lehre von der Fleischwerdung Gottes, das Fleischgewordene in lauter Fiktionen aufzulösen. Jesus muss darum eine historische Figur gewesen sein, und denen, die über ihn berichteten, war der Unterschied zwischen Wahrheit und Lüge bekannt: Wie konnten sie dann glauben, historische Unwahrheiten taugten besonders zur Verbreitung der christlichen Wahrheit? Im Übrigen kommen die Briefe des Paulus, die ihm zugeschriebenen und alle übrigen Schriften des Neuen Testaments, mit ganz spärlichen biographischen Angaben aus, was Jesus betrifft; es wäre also auch anders gegangen beim Predigen.

Der strategische Umgang mit der historischen Wahrheit um einer höheren Wahrheit willen ist ein Erbübel des verfassten Christentums. Da haben die Evangelisten reihenweise Legenden transportiert und Tatsachen erfunden, und bis in unsere Tage war es Christen streng verboten, sie auch nur zu bezweifeln. Die Geschichte der rationalen Bibelkritik seit der frühen Neuzeit zeigt, wie das starre Festhalten an den biblischen Tatsachenwahrheiten, die längst unglaubwürdig geworden waren, die Glaubwürdigkeit der christlichen Botschaft insgesamt beschädigte. Noch heute versuchen die Amtskirchen, die theologische Aufklärung des Kirchenvolkes zu verhindern, d. h. sie entlassen die Theologieabsolventen in die Diskrepanz zwischen der neutestamentlichen Wissenschaft und der Pflege des biblischen Kinderglaubens, der alle Kirchenlieder und liturgischen Texte immer noch bestimmt. Das ist sogar verständlich, denn was bleibt denn vom »Kern« des Christentums übrig, wenn man seine fiktiven Schalen entfernt? Was bleibt von der Auferstehung, wenn man das leere Grab auf sich beruhen lässt? Paulus sagt: »Ist aber Christus nicht auferstanden, so ist unsre Predigt vergeblich, so ist auch euer Glaube vergeblich. Wir würden aber auch erfunden als falsche Zeugen Gottes, dass wir wider Gott gezeugt hätten, er hätte Christum nicht auferweckt …« (1. Korinther 15, 14 f.). Predigt und Glaube dürfen aber nicht vergeblich und das Zeugnis darf nicht falsch gewesen sein, also war das Grab leer.

Christentum heute?

Wenn das Christentum einmal seine sieben Geburtsfehler hinter sich gelassen haben sollte, wird von ihm fast nichts übriggeblieben sein; vor allem wird es sich dann kaum noch von einem aufgeklärten Judentum unterscheiden lassen, denn eines sollte deutlich geworden sein: Was im Christentum etwas taugt, ist ohnehin jüdisch. Jesus war ein frommer und radikaler Jude; wie wäre es, wenn die Christen wieder »jesuanisch« würden? Die Kirchen predigen heute die Erbsünde ohnehin nur in spiritualistischer Verdünnung; da ist zum Judentum, das die angeborene Schwäche des Menschen sehr wohl kennt, kein Unterschied mehr. Die Rechtfertigung durch den Glauben kann man auch ohne den blutigen Rechtshandel Gottes mit sich selbst allein auf der Grundlage des Alten

Testaments predigen, denn schon Paulus zitiert immer wieder den Propheten Habakuk: »Der Gerechte wird aus Glauben leben« (Römer 1, 17) und ähnliche Stellen, wo er auf Abraham verweist (vgl. z. B. Römer 4, 3). Den Missionsbefehl könnten die Christen abschwächen zur Aufforderung, die Welt im Geiste der Toleranz mit dem eigenen Glauben bekannt zu machen, ohne gleich Proselyten erzeugen zu wollen; genau dies haben die jüdischen Gelehrten und Philosophen stets getan. Damit wäre auch der Antijudaismus erledigt. Was die Eschatologie betrifft, so könnten Juden wie Christen es Gott überlassen, was am Jüngsten Tag geschieht; Hoffen ist freilich eine jüdische *und* eine christliche Tugend. Auch sollte das Christentum von seinen platonisierenden Ausflügen endlich zurückkehren und seine Dualismen ersetzen durch eine Philosophie der einen Welt und des ganzen Menschen, die uns das Judentum vorzeichnet. Fraglich ist aber, ob es das Christentum überleben kann, sein Verhältnis zur historischen Wahrheit im modernen Sinne wirklich zu ordnen. Die bloß allegorischen oder gar symbolischen Deutungen der biblischen Berichte haben sich längst als Sackgassen erwiesen. Die Nachgeschichte des Bultmannschen Entmythologisierungsprogramms zeigt überdies, welche Leere sich auftut, wenn man Kernaussagen des Christentums nur noch »existentiell« interpretiert. Was soll man denn noch glauben, wenn man in der Schriftreligion ›Christentum‹ nichts mehr wörtlich nehmen kann? Was ist mit den einzelnen Aussagen des Credo? Wer kann uns erklären, was ein Gebet ist? Adorno meinte einmal, die Bitte um das tägliche Brot mache Sinn in einer bäuerlichen Welt, aber nicht angesichts von Brotfabriken. Wenn in unseren Gesangbüchern Gebete um Regen stehen, machen sie damit nicht den christlichen Gott zu einem heidnischen Wetterdämon, trotz des Wetterberichts in der Tagesschau? (Auf den Halligen wurde Jahr für Jahr gebetet »Herr, segne unsern Strand«; gemeint war Strandgut und das Scheitern von Schiffen, die damit herrenlos waren und geplündert werden konnten.) Und schließlich: Was hat man davon, ein Christ zu sein? Ein Kirchenlied behauptet: »Es kostet viel, ein Christ zu sein«. Das ist wahr, wenn man die unausgesetzten Forderungen und Vorschriften bedenkt, mit denen die meisten Kirchen ihre Glieder traktieren. Aber was wäre der Gewinn, der Mehrwert solcher Kosten? Was kann uns das Christentum versprechen? Nachdem wir uns nicht mehr mit dem »feurigen Pfuhl« Angst machen lassen, wollen wir uns auch nicht mehr auf die ewige Seligkeit vertrösten lassen; ein glückliches Leben in dieser Welt genügt uns. Wie sagt Heine? »… den Himmel überlassen wir den Engeln und den Spatzen.«

Ich habe den Eindruck, dass das verfasste Christentum sein tatsächliches Ende längst hinter sich hat, aber ohne dies bemerkt zu haben. Kirche als moralische Anstalt und als soziale Veranstaltung – das verdient Respekt und Unterstützung, rechtfertigt vielleicht sogar die Kirchensteuer, aber viel mehr ist auch nicht übriggeblieben. Die Kirchen sind nicht zufällig leer, denn wer versteht schon die Predigten, Bibel- und Liedertexte? Und wenn man etwas verstanden hat – was kann man in der modernen Welt damit anfangen? In Wahrheit haben die Kirchen nichts mehr zu sagen, was nicht auch ohne sie gesagt werden könnte; sie haben nichts spezifisch Christliches mehr zu sagen. Das Christentum hat unsere Kultur auch positiv geprägt, das ist wahr, wenn auch seine kulturelle Gesamtbilanz insgesamt verheerend ausfällt; seine positiv prägenden Kräfte haben sich längst erschöpft oder sind übergegangen in die Energien eines profanen Humanismus. Der neuzeitliche Aufklärungsprozess, der das Christentum schließlich auflöste, folgte dabei selbst einem christlichen Gebot – dem der Wahrhaftigkeit – und damit einer »zweitausendjährigen Zucht zur Wahrheit, welche am Schlusse sich die Lüge im Glauben an Gott verbietet.« (Nietzsche, Die fröhliche Wissenschaft, § 357) Erst in seinem Verlöschen könnte sich der Fluch des Christentums doch noch in Segen verwandeln.

Nachschrift 2009

Als dieser Artikel im Jahr 2000 in der Wochenzeitung DIE ZEIT erschien, traf er auf eine unerwartet breite und heftige Resonanz. Das Spektrum reichte von begeisterter Zustimmung bis zu wütender Ablehnung, die manchmal auch mit persönlichen Angriffen verbunden wurde. In der ZEIT erschienen nicht weniger als vier lange Erwiderungen, auf die ich nur auf einer halben Feuilletonseite antworten konnte. In zahlreichen Zeitschriften erschienen weitere Stellungnahmen, und hier wie in den vielen Leserbriefen meldeten sich, wie zu erwarten, vor allem die Kritiker zu Wort, denn wer zustimmt, fühlt sich nicht im gleichen Maße motiviert, nun zur Feder oder in die Tastatur zu greifen. So fand ich in den folgenden Monaten reichlich Gelegenheit, in Sendungen des Fernsehens und Radios sowie in zahlreichen Diskussionsveranstaltungen meine Thesen zu erläutern und zu verteidigen. Das Echo jener Publikation hallt offenbar bis heute nach, denn immer wieder werde ich daraufhin angesprochen; mein Text wird offensichtlich heute noch häufig aus dem ZEIT-Archiv heruntergeladen. Ihn in diesem Band erneut erscheinen zu lassen, empfiehlt sich deswegen, weil die Dokumentation der ganzen Debatte, die Robert Leicht im Jahr 2001 herausgab, inzwischen längst vergriffen ist; sie enthielt nicht nur die genannten ZEIT-Artikel, sondern auch die viel sachlicheren und gehaltvolleren Beiträge aus verschiedenen theologischen Periodika sowie ein zusammenfassendes Schlusswort meinerseits.

In mehrfacher Hinsicht fühle ich mich bis heute missverstanden. Es ging mir nicht um eine Kritik an der Religion überhaupt, obwohl das, was ich geschrieben hatte, vielfach als atheistisches Pamphlet aufgenommen wurde. Ferner war auch nicht eine theologische Kritik des Christentums mein Thema, sondern eine kulturelle Bilanz seiner Wirkungsgeschichte, zu der ich mich durch eine Ringvorlesung an der Humboldt-Universität zu Berlin mit dem Titel »Was hat uns das Christentum gebracht? Versuch einer Bilanz nach zwei Jahrtausenden«[2] angeregt fand. Es ging mir um eine kulturgeschichtliche Frage und den Versuch, sie im ethnologischen Blick auf die eigene Herkunft zu beantworten. Gleichwohl fanden sich viele meiner Kritiker zu theologischen und dogmengeschichtlichen Belehrungen veranlasst, die ich gern entgegennahm, aber die mein Thema wenig berührten. So erfuhr ich erst durch sie, dass die katholische Kirche eine viel schwächere Version der Erbsündenlehre vertritt als die paulinisch-augustinisch-protestantische Tradition; gleichwohl vermochte auch dies mich nicht von deren »Segen« zu überzeugen. Worin das Segensreiche der blutigen Sühnopfertheologie bestehen soll, hat mir ebenfalls bis heute niemand erklären können, und es ist bekannt, dass selbst zahlreiche Theologen damit Schwierigkeiten haben. So habe ich in der Sache nur wenig zurückzunehmen, denn wenn man nur darauf hinweist, dass das, was ich die Geburtsfehler des Christentums bei seiner Ablösung vom Judentum genannt habe, heute theologisch ganz anders gesehen und gelehrt werde, ändert dies nichts an den verheerenden kulturellen Wirkungen, die davon eben auch ausgingen. Einig war man sich, was den christlichen Antijudaismus betrifft; da fiel das nachträgliche Urteil ziemlich einhellig aus. Sonst waren meine theologischen Kritiker kaum bereit, sich auf meine kulturgeschichtliche Perspektive überhaupt einzulassen. Auszunehmen ist hier der Kirchenhistoriker Arnold Angenendt, der mir einige optische Verzerrungen meines Rückblicks nachwies, wofür ich dankbar bin.[3]

Viele Leser fühlten sich vor allem durch den Schlusssatz meines Artikels provoziert, und die meisten verstanden ihn als Aufforderung, das Christentum endlich abzuschaffen; so etwas wäre wirklich unsinnig gewesen. Tatsächlich endet mein Text mit dem Vorschlag, es solle sich auf seine jüdischen Wurzeln besinnen und

»jesuanisch« werden, was seine sieben Geburtsfehler heilen könnte; dieser »Segen« kommt aber mit dem Ende des traditionellen Christentums überein, weil dieses Erbe einmal wesentlich seine Identität ausmachte. Dass sich im modernen, aufgeklärten Protestantismus die christliche Religion weitgehend selbst abgeschafft hat, glaube ich in anderen Beiträgen dieses Bandes zumindest angedeutet zu haben: Was ist im Glauben als individueller Sinnstiftung, als Gefühl der Geborgenheit oder des Vertrauens in den Zusammenhang zwischen Ich und Welt denn noch spezifisch christlich? Das ist Schleiermacher ohne Glaubenslehre und also eine Religiosität, zu der man auch auf ganz anderen Wegen als der biblischen Offenbarung gelangen kann. So bin ich fest davon überzeugt, dass das traditionelle Christentum den Prozess der abendländischen Aufklärung langfristig nicht überstehen wird, und wo es weiterlebt, wie in der katholischen Dogmatik oder in den fundamentalistischen Sekten, fordert dies den Preis der Aufopferung der kritischen Vernunft, das sacrificium intellectus.

Man kann fragen, ob sich im Rückblick die ganze Aufregung über den »Fluch des Christentums« wirklich gelohnt hat. Hier kann ich nur darauf verweisen, dass mir immer wieder versichert wurde, man sei zwar längst nicht mit allem einverstanden, was ich da geschrieben hätte, aber man sei mir dankbar, diese Dinge überhaupt angesprochen zu haben; in dieser Deutlichkeit würden sie nirgends diskutiert, obwohl sie doch viele Christen insgeheim beschäftigten. So war das Ganze offenbar doch eine Anregung, auch in Religionsfragen »sich seines Verstandes ohne Leitung eines anderen zu bedienen«, und damit ein Beitrag zum Projekt der Aufklärung im Sinne Kants.

Anmerkungen

1. Aufklärung und Religionskritik

1 Vgl. Helmuth Plessner, *Die verspätete Nation*, Frankfurt am Main 1974.

2 Vgl. hierzu: Herbert Schnädelbach, *Die Zukunft der Aufklärung. Christian-Wolff-Vorlesung Marburg 2003*, jetzt in: H. S., *Analytische und post-analytische Philosophie. Vorträge und Abhandlungen 4*, Frankfurt am Main 2004, 66 ff.

3 Ich lernte im Religionsunterricht, das habe auch Nietzsche getan, und deshalb sei er verrückt geworden.

4 G. W. F. Hegel, *Werke in zwanzig Bänden (Theorie Werkausgabe)*, Frankfurt am Main, Band 3, 391 ff.

5 Hegel, Band 8, 36.

6 Karl Marx, *Kritik der Hegelschen Rechtsphilosophie. Einleitung,* in: K. M., *Die Frühschriften* (hg. v. S. Landshut), Stuttgart 1953, 208.

7 Max Weber, *Schriften 1894–1922* (hg. v. D. Kaesler), Stuttgart 2002, 510.

8 Ebd., 348 und 500.

9 Hegel, Band 12, 491 ff.

10 Fragm. 16, 15 und 23.

11 Zum Folgenden vgl. Jan Assmann, *Die Mosaische Unterscheidung oder der Preis des Monotheismus*, München/Wien 2003, 11 ff.

12 Vgl. Art. *Polytheismus*, in: *Historisches Wörterbuch der Philosophie*, Band 7, Sp. 1087 ff.

13 Annemarie Schimmel berichtet, dass Koranschüler in Ankara ihren Lehrer mit dem Hinweis auf seine der arabischen Grammatik nicht entsprechende Aussprache kritisierten, worauf der antwortete: »Aber der Koran ist doch nicht arabisch! Er ist doch Gottes Wort!« Vgl. *Der Koran* (übers. v. Max Henning; Einleitung und Anmerkungen von Annemarie Schimmel), Neuausgabe Stuttgart 1991, 7.

14 Kant, *Die Religion innerhalb der Grenzen der Vernunft,* B 229.

15 Ebd., B 261 f.

16 Vgl. Friedrich Schleiermacher, *Der christliche Glaube nach den Grund-sätzen der Evangelischen Kirche im Zusammenhange dargestellt* (1821/ 22).

17 Vgl. hierzu Fn. 1, insbes. 71 ff.

18 A 481.

19 Ebd.

20 Kant, *Was heißt: sich im Denken orientieren?*, A 329.

21 Zit. nach: Ehrhard Bahr (Hg.), *Was ist Aufklärung? Thesen und Defini-tionen*, Neuausgabe Stuttgart 1996, 20.

22 Immanuel Kant, *Beantwortung der Frage: Was ist Aufklärung?*, A 481.

23 Ebd., A 493.

24 A 482 f.

25 Schiller, *Don Carlos* III, 10.

26 Kant, A 493.

27 Max Weber, a. a. O., 224.

28 Kant, *Beantwortung …*, A 491.

29 Kant, *Kritik der reinen Vernunft*, A XI.

30 Platon: *Kriton* 46 b.

31 René Descartes, *Abhandlung über die Methode*, (dt. v. A. Buchenau), Hamburg 1957, 13.

32 Arnold Gehlen, *Moral und Hypermoral*, Frankfurt am Main/Bonn 1969, 7.

33 Vgl. meinen *Artikel ›Kultur‹*, in: Martens/Schnädelbach (Hg.), *Philoso-phie. Ein Grundkurs*, Reinbek 1991/2003, 517 f.

34 Vgl. Jan Assmann, a. a. O., 154 ff. und (im Anschluss an Sigmund Freud) 119 ff.

35 Vgl. ebd., 27 f.

36 Vgl. Hermann Lübbe, *Religion nach der Aufklärung*, Graz/Wien/Köln 1986, 10 ff.

37 Nietzsche, *Die fröhliche Wissenschaft*, § 357.

38 Vgl. Klaus-Peter Jörns, *Die neuen Gesichter Gottes. Was die Menschen heute wirklich glauben*, München 1997/99.

2. Religion und kritische Vernunft

1 Kurt Flasch, *Die Vernunft ist keine Jacke*, in: *Berliner Zeitung* vom 22. 09. 2006, 31.

2 Vgl. Benedikt XVI., *Glaube und Vernunft. Die Regensburger Vorlesung*, Freiburg i. Br./Basel/Wien 2006.

3 Zum Folgenden vgl.: Herbert Schnädelbach, *Vernunft. Grundwissen Philosophie*, Stuttgart 2007.

4 Zitiert nach Stefan Gosepath, *Aufgeklärtes Eigeninteresse. Eine Theorie theoretischer und praktischer Rationalität*, Frankfurt am Main 1992, 3.

5 Immanuel Kant, *Anthropologie in pragmatischer Hinsicht*, A 315.

6 *Nikomachische Ethik* 1139 b 15 ff. (Übersetzung von Ursula Wolf).

7 Vgl. Francis Bacon, *Neues Organon* (hg. v. M. Buhr), Berlin 1962, 7 ff.

8 Vgl. Apel/Kettner (Hg.), *Die eine Vernunft und die vielen Rationalitäten*, Frankfurt am Main 1996.

9 Vgl. Benedikt XVI., a. a. O., 18.

10 Papst Johannes Paul II., *Enzyklika Glaube und Vernunft (Fides et ratio)* [*Enz*], Stein am Rhein 1998, 55.

11 Vgl. Platon, *VII. Brief*, 342 a ff.

12 G. W. F. Hegel, *Enzyklopädie der philosophischen Wissenschaften*, § 1.

13 Vgl. Fußn. 10.

14 *Enz*, S. 14.

15 Die *Enz* spricht davon, dass die »Erkenntnis der menschlichen Vernunft ... auf Grund ihrer Natur den Schöpfer zu erreichen vermag« (14); somit gilt hier Kants Kritik der Gottesbeweise als widerlegt.

16 Ebd.

17 Vgl. Martin Heidegger, *Sein und Zeit*, Tübingen 1927, S. 33 ff.

18 Vgl. Kant, *Anthropologie ...*, BA 34.

19 Vgl. *Enz*, S. 20 f.

20 Wolfgang Huber, »*Glaube und Vernunft. Ein Plädoyer für ihre Verbindung in evangelischer Perspektive*«, in: Knut Wenzel (Hg.), *Die Religionen und die Vernunft. Die Debatte um die Regensburger Vorlesung des Papstes*, Freiburg/Basel/Wien 2007, 60.

21 *Enz*, S. 15.

22 *1. Kor.* 15, 5–8.

23 Vgl. Jürgen Habermas, *Ein Bewusstsein von dem, was fehlt*, in: *Neue Zürcher Zeitung* vom 10. 2. 2007, passim.

24 Vgl. Kant, *Kritik der reinen Vernunft*, B 850.

25 Vgl. Joh 20, 24 ff.

26 V. 25.

27 Vgl. Wolfgang Klausnitzer, *Glaube und Wissen, Lehrbuch der Fundamentaltheologie*, Regensburg 1999, 150.

28 *Enz* 14.

29 Aristoteles, *Politik* 1253 a 9 f.

30 Vgl. *Enz*, S. 17 f.

3. Mit oder ohne Gott? Ansichten des Atheismus

1 Hubert Windisch, in: *zur debatte* 38 (2008), 23.

2 Dies ist der Titel der deutschen Übersetzung von Richard Dawkins: *The God Delusion*, Berlin 2007.

3 Robert Spaemann, *Der letzte Gottesbeweis*, München 2007, 20.

4 Jürgen Habermas, *Glauben und Wissen. Friedenspreis des Deutschen Buchhandels 2001*, Frankfurt am Main 2001, 12 ff.

5 Eberhard Jüngel, *Untergang oder Renaissance der Religion? Überlegungen zu einer schiefen Alternative,* in: Erwin Teufel (Hg.), *Was hält die Gesellschaft zusammen?*, Frankfurt am Main 1977, 182 f.

6 Vgl. Platon, *Euthphron* 10e ff.

7 Zit. nach Windisch, in: *zur debatte* 5 (2008), 23.

8 Friedrich D. E. Schleiermacher, *Der christliche Glaube ...* (1820/21) § 36.

9 G. W. F. Hegel, *Werke in zwanzig Bänden*, Frankfurt am Main 1969 f., Band 7, 14.

10 Wilhelm Gräb, *Religion und die Bildung ihrer Theorie: Reflexionsperspektiven,* in: Weyel/Gräb (Hg.), *Religion in der modernen Lebenswelt. Erscheinungsformen und Reflexionsperspektiven*, Göttingen 2006, 194.

11 A. a. O., 197.

12 Ebd., 198.

13 Ebd., 205.

14 Ebd., 206 f.

15 Ebd., 207.

16 Ebd., 203.

17 Ebd., 199.

18 Ebd.

19 Vgl. *Artikel ›Religiosität*, in: *Historisches Wörterbuch der Philosophie*, Basel/
Darmstadt 1971 ff., Band 8, Sp. 774 ff.

20 Vgl. dazu auch Wilhelm Gräb, a. a. O., 204.

21 Vgl. zum Folgenden Herbert Schnädelbach, ›Sinn‹ *in der Geschichte? –
Über Grenzen des Historismus*, in: H. S., *Philosophie in der modernen Kultur. Vorträge und Abhandlungen* 3, Frankfurt am Main 2000, 127 ff.

22 Ludwig Wittgenstein, *Tractatus*, 6.521.

23 Theodor W. Adorno, *Negative Dialektik*, Frankfurt am Main 1966, 367.

24 Gräb, a. a. O., 205.

25 205.

26 Volker Gerhardt, *Individuum und Religion*, in: Weyel/Gräb (Hg.) [im
Folgenden: WG], a. a. O., 45.

27 V. G., *Die Vernunft des Glaubens. Zur Atheismusdebatte*, in: Magnus Striet
(Hg.) [im Folgenden: MS], *Wiederkehr des Atheismus. Fluch oder Segen für
die Philosophie?*, Freiburg/Basel/Wien 2008, 139 ff.

28 WG, a. a. O., 44.

29 Ebd.

30 MS, 148.

31 Ebd.

32 WG, 33.

33 MS, 148.

34 WG, 33.

35 MS, 149.

36 MS, 148.

37 Markus 9, 24.

38 WG 32.

39 MS 149.

40 Dietrich Bonhoeffer, *Widerstand und Ergebung*, 2. Aufl. München 1977,
355 ff.

41 Wilhelm Gräb, a. a. O., 199.

42 Robert Spaemann, *Der letzte Gottesbeweis*, München 2007, 7.

43 Ebd., 7.

44 Ebd., 12.

45 Vgl. ebd., 10.

46 Ebd., 12.

47 Ebd., 13.

48 Ebd., 19.

49 Georg W. F. Hegel, *Enzyklopädie der philosophischen Wissenschaften*, § 1.

50 Spaemann, 28 f.

51 Kant, *Kritik der reinen Vernunft,* B 82.

52 Vgl. Kant, a. a. O., B 850.

53 Spaemann 12.

54 Ebd., 22.

55 Vgl. Martin Heidegger, *Sein und Zeit*, Tübingen 1927, 33.

56 Spaemann, 30.

57 31.

58 32.

59 Ebd.

60 Vgl. Rolf Schönberger, Gott denken, in: Robert Spaemann, a. a. O., 121.

4. Der fromme Atheist

1 Venanz Schubert, »Zum Phänomen des Atheismus. Einführung«, in: Ders. (Hg.), *Welt ohne Gott? Theoretischer und praktischer Atheismus*, St. Ottilien 1999, 7 und 8 f.

2 Ernst Bloch, *Spuren*, Neuausgabe Frankfurt am Main 1959, 82.

3 Ebd., 81.

4 Vgl. dazu: Horst Groschopp, *Ostdeutscher Atheismus – die dritte Konfession?,* in: Faber/Lanwerd (Hg.), *Atheismus: Ideologie, Philosophie oder Mentalität?,* Würzburg 2006, 209 ff.

5 Georg Chr. Lichtenberg, *Aphorismen*, (hg. v. Max Rychner), Zürich 1947, 213.

6 Heinrich Heine, *Deutschland. Ein Wintermärchen*, I.

7 Friedrich Nietzsche, *Die fröhliche Wissenschaft*, § 357.

8 Vgl. Horst Groschopp, a. a. O., 220.

9 Vgl. ebd., 210 f.

10 Art. *Atheismus*, in: *Historisches Wörterbuch der Philosophie*, Basel/Darmstadt 1971 ff., Band 1, Sp. 595 ff.

11 Alasdair MacIntyre/Paul Ricœur, *Die religiöse Kraft des Atheismus* (dt. v. R. Ansén) Freiburg i. Br./München 2002, 67.

12 Otto Waalkes sagt: »Ich habe eine Glaubenskrise: Ich glaube, ich muss noch einen trinken …«

13 Immanuel Kant, *Kritik der reinen Vernunft*, B 850.

14 Deutsch: *Der Wille zum Glauben*, in: Ekkehard Martens (Hg.), *Texte der Philosophie des Pragmatismus*, Stuttgart 1975, 128 ff., insbes. 138.

15 Markus 9, 24.

16 Vgl. die erste Frage des *Heidelberger Katechismus*.

17 *Der christliche Glaube nach den Grundsätzen der evangelischen Kirche im Zusammenhange dargestellt* (1821–22).

5. Monotheistische Offenbarungsreligionen als Quelle
Bemerkungen zur Assmann-Debatte

1 Ausgehend von Jan Assmann, *Moses der Ägypter*, München 1998; im folgenden Text beziehen sich die Seitenzahlen stets auf Assmann, *Die Mosaische Unterscheidung oder der Preis des Monotheismus*, München 2003.

2 So der Titel von Assmann 2003.

3 Der Ausdruck wurde 1580 geprägt von Jean Bodin (vgl. *Historisches Wörterbuch der Philosophie*, Basel/Darmstadt 1971 ff., Bd. 7, Sp. 1088).

4 Vgl. z. B. Norbert Lohfink, »Gewalt u. Monotheismus. Beispiel Altes Testament«, in: Düringer, Hermann (Hg.), *Monotheismus – eine Quelle der Gewalt?*, Frankfurt am Main 2004, 60 ff., und Eckhard Nordhofen, »Die Zukunft des Monotheismus«, in: *Merkur* 53 (1999), 828–846.

5 Assmann schließt sich hier Werner Jäger an (vgl. 24).

6 Fragm. 5 (übers. v. Wilhelm Capelle) in: Wilhelm Capelle, *Die Vorsokratiker. Die Fragmente und Quellenberichte übersetzt und eingeleitet von W. C.*, Stuttgart 1968, 165.

7 Vgl. Martin Heidegger, *Sein und Zeit*, Halle 1927, 33.

8 Vgl. Heidegger, *Sein und Zeit*, 33 f., und die Kritik von Ernst Tugendhat, der zeigte, dass es sich bei der *alétheia* um eine bloße Wahrheitsbedingung handelt (vgl. Ernst Tugendhat, *Der Wahrheitsbegriff bei Husserl und Heidegger*, Berlin 1967/³1983; vgl. auch: Ders., »Heideggers Idee von Wahrheit« (1969), in: Gunnar Skirbekk (Hg.), *Wahrheitstheorien*, Frankfurt am Main 1977); dieses Argument hat Heidegger später ausdrücklich akzeptiert.

9 Nach Kant ist Glauben »das Für-wahr-Halten aus einem Grunde, der zwar objektiv unzureichend, aber subjektiv zureichend ist« (*Immanuel Kants Logik*, hg. v. G. B. Jäsche, Leipzig 1904, Einleitung, IX); er definiert damit in klassischer Weise den neuzeitlichen kognitiven Glaubensbegriff, der schwächer ist als der Wissensbegriff, weil im Wissen der Grund des Für-wahr-Haltens auch objektiv zureichend ist; im Englischen entspricht dem ›belief‹. Das deutsche Wort ›Glauben‹ fungiert aber auch als Über-

setzung von ›*pístis*‹ bzw. ›*fides*‹ (engl. ›*faith*‹) und bedeutet dann ein nicht bloß kognitives, sondern lebenspraktisches Vertrauen oder Sichverlassen auf das Geglaubte. In diesem Sinn haben die Patristik und die Scholastik den Glauben immer für etwas Höheres als das Wissen gehalten, das korrigierbar und fehlbar ist; David Hume und die deutsche »Glaubensphilosophie« der Romantiker um J. G. Hamann und J. H. Jacobi versuchten gegen Kant, diesen Glaubensbegriff zu rehabilitieren und ihn auch in säkularer Form als Grundlage unseres gesamten Wissens zu erweisen. (Vgl. *Historisches Wörterbuch der Philosophie*, Basel/Darmstadt 1971 ff., Bd. 3, Sp. 627 ff.). Insofern mag es irreführend sein, von »Glaubenswahrheiten« zu sprechen, weil es sich bei dem so verstandenen Glauben um Evidenzen handelt. Keinesfalls sollte man sie mit den »metaphysischen« Wahrheiten in eine Reihe stellen (vgl. Assmann, 28), denn die Metaphysik verstand sich seit ihren Anfängen immer als wissenschaftliches, d. h. begründbares Wissen; dem modernen Sprachgebrauch von ›metaphysisch‹ im Sinne von etwas »Höherem« und Nebulösem sollten wir nicht folgen.

10 Die Begriffsgeschichte von ›*religio*‹ ist die einer fortschreitenden Subjektivierung. Während Cicero diesen Ausdruck für das System der traditionellen Kultvorschriften und die Praxis ihrer gewissenhaften Beachtung reserviert, steht am Ende eines Weges über viele Zwischenstufen Schleiermachers »Gefühl der schlechthinnigen Abhängigkeit« und damit das moderne subjektivistische Religionsverständnis (vgl. *Historisches Wörterbuch der Philosophie*, Basel/Darmstadt 1971 ff., Bd. 8, Sp. 632). Wenn wir heute von Religion in objektiver Hinsicht sprechen, gebrauchen wir in der Regel den Plural und meinen dann ›Religionen‹ als kulturelle Großgegenstände – Judentum, Christentum, Islam etc. –, über die wir in quasi-ethnologischer Perspektive Feststellungen treffen; welche von ihnen objektiv ist im Sinne der Verbindlichkeit ihrer Richtigkeiten für uns, überlassen wir der persönlichen Entscheidung. Cicero, Thomas oder Luther wäre das nicht in den Sinn gekommen; sie waren keine bloßen Religionswissenschaftler.

11 Ludwig Wittgenstein, *Philosophische Untersuchungen*, Frankfurt am Main [15]2003, § 202.

12 Eine reichhaltige Liste von möglichen und wirklichen Funktionen von Religion findet sich bei: Dieter Stoodt, »Religiöse Sozialisation und emanzipiertes Ich«, in: Dahm/Luhmann/Stoodt (Hg.), *Religion – System und Sozialisation*, Darmstadt/Neuwied 1972, 231.

13 Zu den Problemen der traditionellen Funktionstheorie der Religion, die vor allem durch die Existenz funktionaler Erklärungsalternativen entstehen, vgl. Niklas Luhmann, *Funktion der Religion*, Frankfurt am Main 1977, 9 ff., und Hermann Lübbe, *Religion nach der Aufklärung*, Graz/Wien/Köln 1986, 219 ff.

14 Dies ist nach Hermann Lübbe die Funktion von Religion, für die »nach der Aufklärung« kein funktionales Äquivalent existiert; in dieser Hinsicht ist die Religion in der Moderne durch nichts zu ersetzen: Vgl. Lübbe, 237.

15 Freud vergleicht die Religion mit einer kollektiven Zwangsneurose und sagt dazu: »... durch gewaltsame Fixierung eines psychischen Infantilismus und Einbeziehung in einen Massenwahn gelingt es der Religion, vielen Menschen die individuelle Neurose zu ersparen.« (Sigmund Freud, *Die Zukunft einer Illusion* [1927], jetzt in: Ders.: *Werkausgabe in zwei Bänden* (hg. v. Anna Freud und Ilse Grubrich-Simitis), Frankfurt am Main 1978, Band 2, 382; vgl. auch 357 f.).

16 Vgl. dazu die Geschichte von Paulus in Ephesus in Apg. 19, 23; beim Aufstand des Demetrius gegen die Bedrohung des Dianakults durch die christliche Predigt ging es aber wohl primär um die Profite des Devotionalienhandels.

17 Vgl. Carl Schmitt, *Der Begriff des Politischen* (1932), Berlin 1963/1979, 26.

18 Vgl. Lübbe, 75 ff.

19 Vgl. Odo Marquard, »Lob des Polytheismus. Über Monomythie und Polymythie«, in: Ders., *Abschied vom Prinzipiellen. Philosophische Studien*, Stuttgart 1981.

20 Vgl. Richard Ziegert, »Wohin entwickelt sich der Protestantismus?«, in: *Pfälzisches Pfarrerblatt*, 94. Jg. (2004), 332 ff.

6. Zur politischen Theologie des Monotheismus

1 Zur politischen Neutralisierung religiöser Wahrheitsansprüche vgl. Hermann Lübbe, *Religion nach der Aufklärung*, Graz/Wien/Köln 1986, 10 f. und 75 ff.

2 Vgl. Carl Schmitt, *Politische Theologie. Vier Kapitel von der Souveränität*, Berlin [3]1979 [im folgenden Text: PT].

3 Zur Begriffsgeschichte von ›Politische Theologie‹ seitdem vgl. Jan Ass-

mann, *Herrschaft und Heil. Politische Theologie in Altägypten, Israel und Europa,* Frankfurt am Main 2002 [im folgenden Text: HH], 23 ff.

4 Vgl. dazu auch: Reinhard Mehring, *Carl Schmitt zur Einführung,* Hamburg 2001, 9 f.; auch: HH, 23 f. – Die geradezu monumentale Rekonstruktion durch Heinrich Meier, *Die Lehre Carl Schmitts. Vier Kapitel zur Unterscheidung Politischer Theologie und Politischer Philosophie,* Stuttgart 1994/2004, stützt sich weitgehend auf verstreute Bemerkungen sowie auf biographisches Material und den umfangreichen Briefwechsel. Hier entsteht das eindrucksvolle Bild einer politisch-theologischen Gesamtkonzeption, deren tatsächliche Existenz bei Carl Schmitt von der neueren, auf den Nachlass sich konzentrierenden Forschung immer stärker in Frage gestellt wird: Vgl. dazu die kritische Rezension von Reinhard Mehring, in: *Archiv für Rechts- und Sozialphilosophie* 81 (1995), 593–597.

5 So behandelt die erste große Monographie über Carl Schmitt von 1964 ihn ausschließlich als politischen Philosophen, vgl. Hasso Hofmann, *Legitimität gegen Legalität. Der Weg der politischen Philosophie Carl Schmitts,* Berlin ²1992; vgl. auch Henning Ottmann, »Carl Schmitt«, in: Graf Ballestrem/Ottmann (Hg.), *Politische Philosophie des 20. Jahrhunderts,* München 1990, 32–71. – Zu einer rechtstheoretischen Interpretation der Schrift *Politische Theologie* vgl. Reinhard Mehring, »Macht im Recht. Carl Schmitts Rechtsbegriff in seiner Entwicklung«, in: *Der Staat* 43 (2004), 1–22.

6 Ebd., 37 ff.; auch 59.

7 Vgl. Markus 12, 17.

8 Was im Umkreis des *Jahrbuchs Politische Theologie* (4 Bände seit 1996) unter politischer Theologie verstanden wird, bezieht sich auf die Konzeptionen von Johann Baptist Metz, Jürgen Moltmann, Dorothee Sölle u. a., denen es darum geht, die Theologie aus der Enge der privatisierten Religion herauszuführen und ihre sozialen und politischen Implikationen darzulegen. Auch die südamerikanische Befreiungstheologie ist damit gemeint. Ein direkter Bezug zum politisch-theologischen Diskurs im Sinne Carl Schmitts besteht nicht.

9 Dieser Ausdruck stammt von Max Scheler.

10 Vgl. Reinhard Mehring, a. a. O., S. 60 ff.

11 Vgl. hierzu: Hermann Lübbe, »Dezisionismus – eine kompromittierte politische Theorie«, in: Ders., *Praxis der Philosophie. Praktische Philosophie, Geschichtsprozesse,* Stuttgart 1978, 61 ff.

12 Zum Folgenden vgl. Jan Assmann, HH 11 ff.

186

13 Der fundamentale Irrtum Jacques Derridas in seiner *Grammatologie* (dt. Ausg. Frankfurt am Main 1983) war es, die altgriechische Kultur und Philosophie als »phonozentrisch« zu behaupten (vgl. dort 23 ff.), während sie in Wahrheit »fotozentrisch«, d. h. fast ausschließlich am Gesichtssinn orientiert war. Daher stammt die Vielzahl optischer Metaphern in unserer klassischen Terminologie: Anschauung, Einsicht, Evidenz, Licht der Vernunft, Aufklärung etc.

14 Assmann spricht hier von »Ikonoklasmus als politischer Theologie« (HH 257).

15 Assmann macht deutlich, dass das, was man gemeinhin als den ägyptischen Polytheismus bezeichnet, in Wahrheit Kosmotheismus ist, d. h. eine alles umfassende Weltfrömmigkeit und -beheimatung: Vgl. ders., *Die mosaische Unterscheidung ...,* a. a. O., 62.

16 Vgl. dazu meine Argumentation in »Monotheistische Offenbarungsreligionen als Quelle von Intoleranz und Gewalt? Bemerkungen zur Assmann-Debatte«, in: Besier/Lübbe (Hg.), *Politische Religion und Religionspolitik. Zwischen Totalitarismus und Bürgerfreiheit,* Göttingen 2005, 297–308, inbes. 301 ff., in diesem Band 86–99, insbes. 110.

17 Vgl. hier vor allem: Johannes Paul II., die Enzyklika *Fides et ratio,* dt. Ausgabe Stein am Rhein 1998.

18 Thomas Hobbes, *Leviathan,* Kap. XXVI.

19 Das Goldene Kalb bedeutete demnach den Rückfall von der Präsentation zur Repräsentation des Göttlichen; vgl. dazu Jan Assmann, »Monotheismus«, in: Jürgen Manemann (Hg.), *Monotheismus. Jahrbuch Politische Theologie* 4, Münster ²2005, 127.

20 Vgl. dazu: HH 272 ff.; bei John Toland (*Origines Judaicae* 1720) erscheint Mose als Staatsmann und Gesetzgeber, der einen göttlichen Gesetzgeber erfindet, um seinem Gesetzeswerk Nachdruck zu verleihen. – Demselben Entlarvungsmotiv folgt Voltaires Drama *Le Fanatisme ou Mahomet le prophète* (1742). Goethe übertrug es ins Deutsche und ließ es 1802 unter dem Titel *Mahomet nach Voltaire* bei Cotta in Tübingen erscheinen.

21 Es erstreckt sich im Alten Testament von Deuteronomium 6 bis einschließlich 2. Könige.

22 Dies gegen HH 48.

23 Vgl.: Off 11, 15 ff.; auch Kap. 19 ff.

24 Vgl.: Mehring 68 ff.; auch ausführlicher: Heinrich Meier, a. a. O., 231 ff.

25 Hier handelt es sich in Wahrheit um eine tendenziöse Interpretation Schmitts der Weimarer Verfassung, die keinesfalls der allgemeinen Lehr-

meinung entsprach. Tatsächlich war hier nicht vorgesehen, dass der Reichspräsident befugt sei, im Fall von Artikel 48 die Verfassung als Ganze – insbesondere die Schutzrechte – außer Kraft zu setzen.

26 Vgl. Carl Schmitt, *Der Hüter der Verfassung*, Tübingen 1931; vgl. dazu auch Mehring, a. a. O., S. 50 ff.

27 Zum Folgenden vgl. Mehring 31.

28 Vgl. Mehring 91.

29 Thomas Hobbes hat selbst betont, dass »göttliche positive Gesetze«, wie die, die Gott durch Mose dem Volk Israel hat verkünden lassen, die sich selbst legitimierende Legitimität nicht besitzen, sodass diese nur geglaubt werden kann. Ihre verpflichtende Kraft führt er gemäß Ex 20, 19 auf die Bereitschaft des Volkes zurück, dem zu gehorchen, was ihnen Mose an normativer Offenbarung überbringt. Das ist dann der Inbegriff der quasi-staatlichen Ordnung, die niemand unter Berufung auf eigene separate Offenbarungen missachten darf. Mose wird damit bei Hobbes zum Kronzeugen der Überordnung der staatlichen Gewalt über das religiöse Bekenntnis (vgl. *Leviathan*, Kap. 26).

30 »Wahnsinnig ist der nominalistische bzw. occasionalistische Willkürgott Thomas Hobbes'‹, Joseph de Maistres und *last not least* Carl Schmitts. Dieser mindestens so sehr an irdischen Absolutisten abgelesene wie auf sie projizierte himmlische Absolutist ist das entscheidende Wovonher oder Woraufhin jedes antimoralischen Dezisionismus, den man auch Nihilismus nennen kann bzw. muss.« (Richard Faber, »Was heißt heute eigentlich ›Monotheismus‹?«, in: Manemann (Hg.), 17.

31 Vgl. Carl Schmitt, *Der Leviathan in der Staatslehre des Thomas Hobbes. Sinn und Fehlschlag eines politischen Symbols* (1938), Neuaufl. Köln 1982.

32 Vgl. Thomas Hobbes, *Leviathan*, Einl. und Kap. XVII.

33 Vgl. dazu: Hans-Gerd Janßen, »Streitfall Monotheismus«, in: Manemann (Hg.), 23 ff., mit Verweis auf E. Petersons Kritik an Carl Schmitt (*Der Monotheismus als politisches Problem* [1935]) und die Konzepte eines konkreten Monotheismus bei Jürgen Moltmann, Walter Kasper u. a. Der byzantinische Caesaro-Papismus war demgegenüber politisch-theologischer Kurzschluss. Zu Petersons Schmitt-Kritik vgl. auch H. Meier, a. a. O., 259 f.

34 Vgl. Benedikt XVI., *Glaube und Vernunft*. Freiburg i. Breisgau 2006, 17 ff.

35 Römer 9, 20.

36 Zum Verhältnis Carl Schmitts zum Katholizismus, dem er sich immer

selbst zuordnete, vgl. A. Koenen, *Der Fall Carl Schmitt*, Darmstadt 1995.

37 Zitiert nach Wolfgang Klausnitzer, *Glaube und Wissen. Lehrbuch der Fundamentaltheologie*, Regensburg 1999, 49 f.

38 Carl Schmitt beschränkt diese Analogie auf die Konzeption des Rechtsstaates (vgl. PT 49), die aber eine immanente Regelung von Souveränitätskompetenzen nicht ausschließt.

39 Vgl. Epikur, *Von der Überwindung der Furcht. Katechismus, Lehrbriefe, Spruchsammlung, Fragmente*, (übers. und eingel. von Olof Gigon) Zürich 1949/München 1983, 64.

40 Vgl. Hauke Brunkhorst, »Internalisierung der Transzendenz. Die wiederholte Aufhebung der alteuropäischen Tradition in den Rechtsrevolutionen Europas«, im Erscheinen.

12. In der Höhle des Löwen. Zur Diskussion zwischen
Kardinal Ratzinger und Jürgen Habermas

1 Seitenzahlen im Text verweisen auf Jürgen Habermas/Joseph Ratzinger, *Dialektik der Rationalisierung. Über Vernunft und Religion* (hg. und eingel. von Florian Schuller), Freiburg/Basel/Wien 2005.

Nachschrift 2009

1 Vgl. Robert Leicht (Hg.), *Geburtsfehler? Vom Fluch und Segen des Christentums*. Streitbare Beiträge, Berlin (Wichern) 2001.

2 Dokumentiert in: Richard Schröder/Johannes Zachhuber (Hg.), *Was hat uns das Christentum gebracht? …*, Münster/Hamburg/London 2003.

3 Vgl. Arnold Angenendt, *Vom Segen des Christentums – wider Schnädelbachs »Todsünden«*, in: Robert Leicht (Hg.), a.a.O., 73 ff.; sowie die große Monographie: Ders., *Toleranz und Gewalt. Das Christentum zwischen Bibel und Schwert*, 4. Auflage, Münster 2008, zu deren Entstehung mein ZEIT-Artikel offenbar beitrug: vgl. a.a.O., 5.

4 Vgl. z. B. Text 4.

189

Drucknachweise

1. *Aufklärung und Religionskritik,* in: Deutsche Zeitschrift für Philosophie 54, (2006), 331–345

2. *Religion und kritische Vernunft,* in: Laube/Pfleiderer (Hg.), Die Vernunft und die Religion. Protestantische Aspekte einer aktuellen Kontroverse, Loccumer Protokolle 62/07, 55–70

3. *Mit oder ohne Gott? Ansichten des Atheismus* (Originalbeitrag)

4. *Der fromme Atheist,* in: NEUE RUNDSCHAU 118 (2007), 112–119; jetzt in: Magnus Striet (Hg.), Wiederkehr des Atheismus. Fluch oder Segen für die Theologie ?, Freiburg/Basel/Wien 2008, 11–20

5. *Monotheistische Offenbarungsreligion als Quelle von Intoleranz und Gewalt ? Bemerkungen zur Assmann-Debatte,* in: Besier/Lübbe (Hg.), Politische Religion und Religionspolitik. Zwischen Totalitarismus und Bürgerfreiheit, Göttingen 2005, 297–308

6. *Zur politischen Theologie des Monotheismus* (Originalbeitrag)

7. *Wo ist Gott?* in: von Marschall/Ulrich (Hg.): Wo ist ER? 52 Antworten auf die Frage »Wo ist Gott?«, Berlin 2002, 30–31

8. *Jenseits des Christentums,* in: SÜDDEUTSCHE ZEITUNG (123) vom 12./13. 4. 2004

9. *Die Wiederkehr der Religion,* in: DIE ZEIT vom 11. 8. 2005; auch in: UNIVERSITAS 60 (2005), 1126–1135

10. *Zur Bedeutung der Religion heute. Antwort auf vier Fragen, und auf eine fünfte,* in: Information Philosophie 35 (2007), 66–71

11. *Glühbirnen am platonischen Ideenhimmel. Zur Erziehungsinitiative der Bundesregierung,* in: FRANKFURTER RUNDSCHAU am 27. 4. 2006

12. *In der Höhle des Löwen. Zur Diskussion zwischen Jürgen Habermas und Kardinal Ratzinger. Ein Nachtrag,* in: Information Philosophie 31 (2004), 129–131

13. *Der Fluch des Christentums. Die sieben Geburtsfehler einer alt gewordenen Weltreligion. Eine kulturelle Bilanz nach 2000 Jahren* (etwas gekürzt) in: DIE ZEIT vom 11. 5. 2000